名家老たちの危機の戦略戦術

戦い・内紛・財政破綻の秘策

加来耕三

さくら舎

目次

序章　危機的状況のときの役割

至難の課題と〝名家老〟 14
家康の失策が〝名君〟を生む 16
借金の惨状 18
非常時の人材と最後の切り札 19

第一章　名補佐役の条件

情報分析力・判断力で家康を支えた謀臣——徳川家・本多正信・正純
主君の生命を狙った男　24
家康の〝帷幄の謀臣〟　26
汚れ役を演じきる　29
関ヶ原西軍の副大将・宇喜多秀家の先鋒をつとめる——宇喜多家・明石全登
秀吉の〝猶子〟　32
貴公子の補佐役　35
生死は不明　38
逆転勝利の軍師、深謀遠慮の人——仙台藩・片倉小十郎
梵天丸の傅役　41
お家の正念場を支える　44
政宗の軍師、秀吉と駆け引きす　47

深謀遠慮の主従　50
武士の覚悟で新興の藩を経営――紀州藩・安藤帯刀
奉公に私心なし　52
時代によって変貌する〝武士道〟　55
保科正之流武士道　58
二つの雄藩のトップをつとめた反骨の士――加賀藩・本多政重
反骨の前歴　61
兼続の養子から前田家の筆頭家老へ　64
信じ合う極意　68
非常の才――熊本藩・細川重賢と三人の〝名家老〟たち
〝仮養子〟重賢　72
非常の才を用いる　75
民心を変えた財政再建　79

第二章　財政再建の秘策

強権をふるって藩政改革を成功させた立役者――土佐藩・野中兼山
艱難辛苦の前半生　82
三十二年に及ぶ藩政改革　85
兼山の失脚が坂本龍馬を誕生させた　88
謹厳実直な名補佐役――松代藩・恩田木工
名作『日暮硯』にみる〝創られた名家老〟恩田木工　93
「改革」に綺麗事はあり得ない　97
明治維新の原動力となった宰相――長州藩・村田清風
実践的な藩政改革　101
清風の門人たち　104
長井雅楽の「航海遠略策」　106

大名家再建の名手――小田原藩ほか・二宮尊徳
なぜ、戦後、二宮尊徳は復権しないのか 111
金次郎の実父・利右衛門 114
「報徳仕法」による財政再建 117
〝積小為大〟の原理 120
〝四賢侯〟の一・山内容堂を補佐した――土佐藩・吉田東洋
土佐藩を縛った〝秘事〟 122
なぜ、土佐藩は改易にならなかったのか 125
「喜ぶべし、われに股肱有り」 127
東洋の復活 130
非常手段に訴えた藩政改革の立役者――薩摩藩・調所笑左衛門
天文学的数字の赤字財政 133
非常手段を断行させたもの 137
五百万両の藩債整理 139
逆命利君の家老――備中松山藩・山田方谷
備中松山の農民 142
源は陽明学 144

奇跡のような妙手　146
幕府瓦解を予言　149

第三章　責任の取り方

義を貫き、補佐役に徹した――米沢藩・直江兼続
上杉家の最高軍事指揮権を掌握　156
家康、来るなら来い　158
あえて主命に抗さず　161
「かぶき者」が挑んだ仇討ちの真相――赤穂藩・大石内蔵助良雄
史実と文学との差異　165
もう一つの忠臣蔵〝深堀義士〟　167
〝忠臣蔵〟の根底　169
西郷・大久保を率いた薩摩の宰相――薩摩藩・小松帯刀
知られざる英雄　173

薩摩藩の大黒柱　176
清廉潔白の士　179
弱小藩の悲哀を一身に負った〝名家老〟——天童藩・吉田大八
先祖・信長に導かれて、奥羽鎮撫使先導へ　181
小国の正論、伝わらず　184
小国家老の責任の取り方　187
もう一つあった、明治維新の可能性——仙台藩・伊達邦成
悲劇の藩主　190
再生への苦境　193
開拓を成功させたもの　196
毛利勝永を支えた男——毛利家／土佐藩・山内四郎兵衛
もう一人いた〝真田幸村〟　198
主君の意地に殉ずる　201
将星、地に堕つ　204
上杉鷹山を補佐し改革に着手——米沢藩・竹俣当綱
楽天家の名家　206
度重なる試練　209

〝衰国の挽回〟具体策 212
万一の場合の遠慮 214
切り札は織物技術 218
〝名家老〟の失脚 221

第四章 成功と失敗の条件

〝米百俵〟に真実を託した〝無念〟――長岡藩・小林虎三郎
教育こそ国の礎 226
我に万古の心あり 229
歴史は繰り返すのか 232
苛斂誅求で領民に君臨――松江藩・朝日丹波茂保
政敵に学んだ家老 235
不昧公の誕生の裏に 238

派閥抗争の末に切腹、〝二の丸騒動〟の主役――高島藩・千野兵庫
二大派閥の抗争　242
〝名家老〟を決するもの　245
主君・水野忠辰を「押し込め」た――岡崎藩・松本頼母
三代に仕えた忠臣　248
藩主・忠辰の失敗　251
藩主の身代こそが〝名家老〟　254
家老としてよりも画家として生きた――田原藩・渡辺崋山
政治と芸術　257
画家としての後半生　260
崋山を継ぐ者　263
奥州戦争時の会津藩宰相――会津藩・梶原平馬
奥羽越列藩同盟の陰の主将　265
総攻撃と開城　268
会津藩＝斗南藩の悲劇　271
その後の梶原平馬　274

戦場も茶の湯も頂点を極めた名将――広島藩・上田重安
〝一番槍〟から家老へのぼる 277
「宗箇」――芸術家としての顔 280
最後の晴れ舞台 283

名家老たちの危機の戦略戦術

――戦い・内紛・財政破綻の秘策

序章
危機的状況のときの役割

至難の課題と〝名家老〟

事々《ことごと》しくいえば、〝名家老《めいかろう》〟はその半生、七難八苦の逆境に棲《す》んだ人、といえるかもしれない。

なぜならば、戦国（乱世）と江戸（泰平）とを問わず、大名家の補佐役＝ナンバー2たる「家老」（あるいは侍大将）に、〝名《めい》〟がつくには、一つの明確な前提があったからだ。

それは、危機的状況である。解決しなければならない至難の課題が、すでに存在していた。生き残りを賭けての戦い、財政破綻、家督相続の内訌《ないこう》、派閥抗争より大きな権力との確執——どれ一つとっても、もはや彌縫策《びぼうさく》をもってしては埒《らち》があかない、解決できない、待ったなしの危機的な難問が、待ち受けていた。まさしく、「危急存亡《ききゅうそんぼう》の秋《とき》」が前提にあった、といってよい。

すでに幾人かの「家老」が、その解決に挑みながら、ことごとく失敗、失脚した懸案が大半であった。繰り返された失望・失意・敗北で、藩中家内の士気は下がりきっている。成功に導き得なかった者も含め、周囲は厭戦《えんせん》気分と反発、嫉妬、感情のもつれからの自暴自棄などで、サボタージュを試みる現状。周囲は孤立無援、「四面皆楚歌《みなそか》す」の状況であった。

しかし、〝名家老〟と呼ばれた人々は、好むと好まざるとにかかわらず、あえて火中《かちゅう》の栗を拾い、万難《ばんなん》を排《はい》してなおかつ、一定の成果をあげなければならなかった。そして成功した、わずかな「家老」＝補佐役だけが、〝名家老〟と呼ばれることになる。

しかも、この〝名家老〟の評価は、後世、〝事件〟にかかわったすべての人々がいなくなってからの、〝百年後の知己《ちき》〟によるものでしかない。課題に挑む途中で、生命《いのち》尽きた人は、〝名家老〟とは呼びにくい。いうまでもなく、〝名家老〟の多くはその存命中、厳しく周囲に指弾され、非難され、成果をあげてのち、非業《ひごう》の最期を迎える者もいた。

そのため、選ばれた人物は自薦、他薦は別にして、その立場にたった時点で、悲惨であったともいえる。にもかかわらず、何が彼らをして、その使命を遂行させたのであろうか。

至誠奉公《しせいほうこう》をあげる者もいるだろう、主君への忠義を謳《うた》う者もいよう。孔子は「道を志《こころざ》す」（まず、志を立てる）といった。だが、史実はつまるところ、〝宿命〟としかいいようがなかった。

ひらきなおり、あきらめ、悟り――云々。

積極的であったか、消極的であったかは問わず、その立場にたったこと自体が、人智では計ることのできない宿縁《しゅくえん》であったのだろう。だからこそ、戦国・江戸時代の大名家にいた〝名家老〟は、形をかえて現代の企業・組織の中にも存在している、と言い切れるのである。

最終的に天下人となった徳川家康は、全智全能を傾けて徳川政権＝幕藩体制を創出した。これは実に、巧緻《こうち》に長《た》けた工夫がなされた体制であった。

見方をかえれば、家康の底意地の悪さ、狡知《こうち》のほどが、これほど鮮明にうかがえるものも他にはあるまい。おそらく、徳川政権の青写真は、室町政権と豊臣政権の反省に立ってのものであったろう。

――テーマは、一つしかない。

いかにすれば、盤石《ばんじゃく》かつ恒久的な長期政権が可能となるのか。逆に言えば、室町・豊臣の二政権が、どうしてその機能を短期間に麻痺《まひ》させてしまったのか。家康は天下泰平を保つことが、なによりも己れの政権を長期化させることにつながる、と過去の歴史を懸命に学んだようだ。

彼は豊臣家を滅ぼし、天下を取った徳川家の武力を背景に、「一国一城令」を発し（慶長二十年＝一六一五）、つづいて「武家諸法度《ぶけしょはっと》」「禁中並公家諸法度《きんちゅうならびにくげしょ》」「五山十刹諸山法度《ござんじっさつ》」などを矢継ぎ早に発布。いわゆる〝天下の法度〟を明らかにして、日本を安定した法治体制下に置くことを、自らの政権の前提とした。次いで、貨幣を整備して金・銀・銅の三貨を定め、一方で石高制《こくだかせい》を普《あまね》く敷《し》くと、ありとあらゆるものを、米経済を中心とした新秩序に構築した。

家康はその生涯を終えるにあたって、

「家政の制度を改めてはならぬ。すべて、三河《みかわ》の頃のままに――」

と遺言した。

三河では、村を切り盛りする番頭を「老中《ろうじゅう》」と呼んだ。その下の役付きが「若年寄《わかどしより》」である。

徳川家がまだ三河の小さな土豪《どごう》にすぎなかった頃から、この名称は用いられていたのだが、それがそのまま、天下を統治する幕府の役職名に採用されてしまった。

家康の失策が〝名君〟を生む

役職はいい。問題は前述の石高制――三河の片田舎における、経済の基盤であった〝米〟の経済を、家康は幕府にそのまま受け継がせたことである。公称八百万石（実質は四百万石）といわれる徳川家の実力も、大名や旗本の身分の基準さえ、すべてを米の収穫高、すなわち石高によって表すようになった。

だが、米は飢饉《ききん》になれば価格が暴騰し、豊作となれば過剰になって急落する。農作の収穫には当然、その年々における出来・不出来があった。本来、こうした不安定な財源をもって、国家財政を運営しても、うまくいく道理はないのだが、徳川幕府は家康の定めた遺言、この米遣《こめづか》い経済をもって、瓦解《がかい》の日まで運営されることになる。

幕府草創期において、世の中が自給自足の体制にあったときは、それでもよかった。ところが、泰平の世の中となって経済が膨脹するにつれ、米中心の経済は随所に、その矛盾を露わにしていく。

幕藩体制の要《かなめ》である自給自足経済は、徐々に整備されていく余剰作物の、現金化の波に押され、やがて農民自体も、加工した農産物や物産品を商品化し、半農半商として都市の商人の手になる問屋の系列下に、進んで入るようになる。

つまり、家康の政治原理である〝米〟が、現金化されるようになったわけだ。

諸藩のみならず幕府までもが、豊作時には余剰米を大坂で現金に換《か》え、それでもって公的な経費に充当するようになった。旗本や御家人たちの俸禄《ほうろく》は、通常は米で支給されたが、彼らはその米を売り、貨幣に換えて生活費に当てるようになる。

しかし、それを自身でやっていては手間がかかり、不便この上ない。そこで、これを「札差《ふださし》」にやらせたのだが、このまかせた便利さが災いとなった。

借金の惨状

武士階級が消費生活に馴染《なじ》むようになると、まだ収穫していない〝米〟を質入れして、札差から前借りするようになり、旗本・御家人たちは、勢い貧困の度を強めることとなった。

これは、大名家においても変わらない。

また、米には出来・不出来があるため、〝銭〟＝貨幣に馴染んだ幕府や諸大名は、天災に遭遇しては押しなべて赤字を出し、その補塡《ほてん》にまた商人から借金し、挙句は未だ収穫していない来年以降の米までも、商人に手渡す仕儀《しぎ》となった。

しかし、頼みの米は天候に左右されつづけ、穫《と》れ高の減少は直ちに借金の上乗せとなり、新たな利息を生み、利息は雪ダルマ式に増えて、ついには借金の利息さえも、満足には支払えぬ惨状を呈《てい》するまでとなる。

「今の世の諸侯（大名）は大も小も皆、首をたれて町人に無心を言ひ」（太宰春台《だざいしゅんだい》『経済録《けいざいろく》』）である。

三百諸侯の藩主と家老の最大の使命は、こうして生み出された借金をどのように軽減し、いつしか破綻に瀕《ひん》した藩財政を建て直すか、に絞られるようになった。

まだ、米遣い経済の綻《ほころ》びが露呈《ろてい》していなかった徳川幕府の初期においては、たとえば、〝名君《めいくん》〟の条件もいたって緩やかであった。

幕閣《ばっかく》とうまくコミュニケーションをとり、幕府に睨《にら》まれて改易《かいえき》や減封《げんぽう》、転封《てんぽう》などの憂きめをみないように、また、戦国乱世から天下泰平の世となった各々の藩士や領民を、いかに撫育《ぶいく》するか。

換言すれば、泰平の世に順応した人物を儒学《じゅがく》によって、いかに創るか。これらを政治の根本に据えて、領内の整備に携わればよかった。開拓・開墾も、それほど難しいことではなかったのである。

こうした初期の、名君の代表ともいえるのが、二代将軍・秀忠の子で三代将軍・家光の異母弟《いぼてい》になる会津藩主・保科正之《ほしなまさゆき》（一六一一―七二）、あるいは、御三家《ごさんけ》の一《いつ》・水戸藩の徳川光圀《みつくに》（一六二八―一七〇一）、備前岡山藩の池田光政《いけだみつまさ》（一六〇九―八二）、加賀金沢藩の前田綱紀《まえだつなのり》（一六四三―一七二四）らであった。

彼らは領内に水利事業をすすめ、凶作・飢饉に備えての貯蔵倉を設け、藩士・領民に儒学を学ばせ、あとは自らを律することによって、〝名君〟〝仁君《じんくん》〟の崇敬を同時代人及び後世の人々から受けることができた。

非常時の人材と最後の切り札

多少の難しさがともなったのは、戦国の遺風《いふう》を残す家臣たちの統制であったろう。藩主を凌駕《りょうが》する、実力ある家老が登場すると、そこでお家騒動が起きた。

二、三の例を引くと、讃岐高松藩主の生駒高俊《いこまたかとし》（一六一一―五九）と重臣の生駒将監《しょうげん》・帯刀《たてわき》父子――帯刀の幕府への訴えで、家中の不始末を問われた高俊は、所領を没収されて出羽国《でわのくに》（現・山形県と秋田県）へ配流。一方の帯刀は出雲《いずも》松平家にお預けとなっている。

また、石見《いわみ》浜田藩の家老・古田左京《さきょう》は、藩主の古田重恒《しげつね》に子がなかったため、家名断絶をおそれて己れの嫡孫《ちゃくそん》・万吉《まんきち》に跡目を相続させようと画策。そのために、重恒側近と謀って〝王君乱心《おうくんらんしん》〟と称し、藩主を幽閉しようとしたが、事が発覚して（側近の密告）関係者十八名が処刑されるお家騒動に発展した。これは、正保《しょうほう》三年（一六四六）六月のことである。

こうしたお家騒動は幕末までつづいたが、藩政そのものは、元禄《げんろく》年間（一六八八～一七〇四）を一つの境として、大きく転換した。

人々の生活は奢侈《しゃし》にながれ、米遣い経済は貨幣に押しやられて、大名は参勤交代や移封《いほう》・減封などもあって、慢性的な財政赤字、財政破綻への坂を転げ落ちることとなる。幕府とて、同断であった。

藩財政の再建――この難題に挑まざるを得なかったのが、江戸中期以降の藩主・家老たちであったといってよい。しかし、少し考えてみれば明白なごとく、家康の創り上げた幕藩体制は、いわば大名たちの力を削ぐために設《しつら》えられた体制であり、いかに大名たちが努力しようとも、本来、貯蓄・ゆとりのできるようには創られていなかった。

江戸と国許《くにもと》の二重生活、手伝い普請《ぶしん》という名の幕府からの強制は、確実に藩財政を疲弊させるものであり、加えて飢饉や天災が、くり返し降りかかった。

これらに対して、藩主や家老のできることといえば、実に限られていた。質素倹約を奨励し、領内の改めての開墾、特産品の産出などの、増収のための工夫。藩士の家禄の借り上げ策――等々。

これらを総称して、「藩政改革」といったが、これは事実上、不可能に近いものがあった。

考えてみるとよい、藩財政逼迫《ひっぱく》の原因を容認しつづけてきた藩庁の人々に、真逆の藩政改革、藩財政の再建ができるであろうか。三百諸侯にとって、藩政改革は例外なき課題となったが、真に成功し得た藩はきわめて少なかった。

理由は言うまでもない。非常事態に遭遇《そうぐう》すれば、それに応じた人材が求められたからである。非常時に適応した人材の確保・投入のできた大名家だけが、その成功者をもって〝名家老〟と呼ぶことを許された。

「非常の人あり、然《しか》る後、非常の事あり、非常の事あり、然る後、非常の功あり」（『文章軌範《ぶんしょうきはん》』）

歴史を紐解《ひもと》いてみると、泰平の世よりも動乱の時代に、より優れた人材が輩出《はいしゅつ》している。〝名家老〟しかり。これは当面する危機意識が大きく、従来の価値観で事物がはかれなくなったときに、真に実力ある者にスポットライトが、ようやく当たるということであろう。

だが、スポットライトが当たったからといって、それを登用し得たか否かは、おのずと別問題であった。各章でみる土佐藩の二代藩主・山内忠義《やまうちただよし》が抜擢《ばってき》した野中兼山《けんざん》しかり。肥後熊本藩六代藩主・細川重賢《しげかた》（藩祖・藤孝《ふじたか》より八代目）が登用した堀平太左衛門を手本と仰いで、のちに藩政改革の〝鑑《かがみ》〟と謳われた、米沢藩九代藩主の上杉治憲《はるのり》（鷹山《ようざん》）には竹俣当綱《たけのまたまさつな》ほかの〝名家老〟がいた。

名君を補佐した人々は、半ば絶望しつつも諦めることなく、懸命に藩政改革を推しすすめ、一応の成果を挙げた。

しかしながら、幕末が近づくにつれ、流通経済はより加速的に発達し、米遣い経済がはらむ矛盾は、根本として、この基盤そのものを改めねば、どうにもならないところまできてしまう。

――幕藩体制の崩壊は、誰の目にも明らかであった。

さらにこの時代になると、海防問題もからんでくる。とくに海に面した諸藩では、ロシアの南下や清国《しんこく》での阿片《アヘン》戦争に刺激され、日本を欧米列強の植民地化から守るためにも、海防のための出費《しゅっぴ》を強いられるようになり、なおも深刻化する財政の再建に、躍起《やっき》とならざるを得なくなった。

こうした後期の諸藩の中で、〝名家老〟が際立つには、もはや一個人の力量・才覚・手腕では覚束《おぼつか》なくなってきた。たとえば、明治維新の原動力となった薩摩と長州――この両藩があれほどの偉業を成し得たのは、非合法的措置を決断したところにあった、といっていい。

薩摩藩は九代藩主の島津重豪《しげひで》の代に、五百万両という天文学的数字の借金を背負い、これを返済すべく抜擢された調所《ずしょ》笑左衛門《しょうざえもん》は、借金の踏み倒しにもひとしい二百五十年賦返済、果ては密貿易にまで手を染めている。長州藩では藩主毛利敬親《たかちか》のもとで、村田清風《むらたせいふう》がこうした役割を担った。

かくして、家康の創出した幕藩体制は、非合法的手段を取り得なかった大半の藩を疲弊させた挙句、やがて、幕末の動乱へと突入していったのであった。

明治維新を迎え、廃藩置県の中で大名家は消え、大名は華族という特権階級となるが、家臣団とは、ここで切りはなされてしまう。そして、〝名家老〟もこの時点で終熄《しゅうそく》した。

第一章

名補佐役の条件

情報分析力・判断力で家康をささえた謀臣
——徳川家・本多正信《ほんだまさのぶ》・正純《まさずみ》

主君の生命《いのち》を狙った男

徳川家康が、豊臣秀吉に臣下の礼を取り、関東へ移封してのちのこと。よもやま話の席上で家康が、本気とも冗談ともつかない問いかけを、家臣たちに発したことがあった。

「力ずくで、どの辺りまで攻め込めようか——」

関東からの、上洛戦の可能性についてであった。

「——そうですなア、美濃《みの》関ヶ原までは押し切れましょう。なにぶんにも、東海道筋はわれらが勝手知ったる土地。しかもこの方面の大名たちは、働き者は多ございますが、それを束《たば》ねるほどの者がおりませぬ」

「——いやいや、中村一氏《かずうじ》どのはなかなかの名将、それに堀尾帯刀先生《たてわきせんじょう》（吉晴）も豊家《ほうけ》きっての功多き老練の将——今すぐ攻めては、とても浜松城は落とせますまい」

幾つかの私見が出た。雑談だけに、人々の口元も軽い。

ところが一人、**本多正信《ほんだまさのぶ》**だけは、あえて口を開こうとはしなかった。気付いた家康が正信をみやると、彼はさりげなく、それも周囲の者に気どられぬように、無言のまま首を左右に振った。

(箱根も、越えられますまい)

正信の顔は語っていた。家康は沈黙したままで、うなずいたという。

秀吉の対家康包囲網《ほういもう》は、前面よりもむしろ後背《こうはい》に、巧妙な仕掛けがあったのである。関東の後方には、名将・蒲生氏郷《がもううじさと》がいた。もし彼が四十歳で病没しなければ、関ヶ原の戦いはあり得なかったに違いない。

氏郷の凄味に気が付いていたのは、家康とその謀臣《ぼうしん》ともいうべき正信の二人だけであった。それだけに家康は、この正信を朋友のように扱い、二人はさながら「君臣の間、水魚《すいぎょ》のごとし」の間柄であったといえる。

だが、一方の正信は、その関係にそぐわない過去をもっていた。あろうことか彼は、主君家康の生命《いのち》を狙ったことがあった。

本多正信

天文《てんぶん》七年(一五三八)生まれの正信は、三河(現・愛知県東部)の出身ではあったが、家が貧しく、若い頃は鷹匠をしていたという。その境遇が彼を、一向一揆に走らせたようだ。

永禄《えいろく》六年(一五六三)に三河で発生した、家康の家臣団を二分する一向一揆において、正信は家康と対峙し、一揆方の参謀をつとめて六カ月間、大いに抗戦している。

家康方についた家臣が、一揆方についた者を個別に説得したおかげで、どうにか和議にいたったもののの、この一揆は家康にとって、人生屈指の試練に数えられた。

抵抗した多くの家臣が帰順する中にあって、正信は家康を認める気がなかったのか、京都へ出ると一時期、畿内を占拠していた松永久秀《まつながひさひで》のもとへ身を寄せている。この頃、正信は二十六歳。

主家三好家を滅ぼし、大仏焼失、十三代将軍・足利義輝《よしてる》を弑虐《しぎゃく》――梟雄《きょうゆう》の名をほしいままにした久秀ではあったが、この人物は同時に、文武に秀でた武将の一面ももっていた。

その久秀が正信を、

「徳川の侍《さむらい》を多数みてきたが、多くは武勇一辺倒の輩《やから》であった。しかし、正信だけは強からず、柔らかからず、また卑しからず、世の常の人ではないであろうと思った」

と評している（新井白石著『藩翰譜《はんかんふ》』）。

その後、正信は加賀（現・石川県南部）へ潜行《せんこう》し、一向一揆の将領として活躍。織田信長の北陸方面軍（主将・柴田勝家）により、門徒の勢力が衰亡すると、越後（現・新潟県）をはじめ諸国を流浪《るろう》したが、旧知の大久保忠世《おおくぼただよ》（彦左衛門の実兄）の執《と》り成《な》しで、ようやく徳川家への帰参がかなった。

一説に天正《てんしょう》十年（一五八二）のことといい、もしそうであるならば、このとき、正信は四十五歳になっていたはずである。

家康の〝帷幄の謀臣〟

〝帰り新参《しんざん》〟として、周囲の冷たい視線に晒《さら》され、きわめて居心地の悪い環境の中、正信には合戦における武功が伝えられていない。彼は、戦場に飛躍するタイプではなかったようだ。その存在が大きく知られるようになったのは、武田家滅亡と本能寺の変のあった前後からのこと。

とくに本能寺の変のおり、いち早く情勢を把握し、堺にあった主君家康を三河へ脱出させた功績は大きかった。帰路の土豪たちを買収し、伊賀越えを断行した企画・立案の手腕は、

「これより徳川殿の御覚《おんおぼ》え大方ならず、つねに御側《おそば》に伺候《しこう》して軍国の議にあづかる」（『藩翰譜』）

――その起縁となった。

一方で徳川家のナンバー2・酒井忠次《ただつぐ》の権勢の後退、ナンバー3・石川数正《かずまさ》の豊臣方への出奔《しゅっぽん》と、徳川家の変遷する家中の事情も重なり、正信は家康の〝帷幄《いあく》の謀臣〟としての地位を得る。

なぜ、正信であったのか。彼には他の三河家臣にはない、諸国遍歴《へんれき》の体験があった。そして、その中で磨きあげられた情報分析力、判断力があったからだ。また、それらから導き出すスケールの大きな着想力、遠謀《えんぼう》術策にも、正信は恵まれていたといえる。

たとえば、朝鮮出兵を豊臣秀吉が決断したとき、正信は関東を留守にできない、との家康の発言を導き出し、徳川家の軍事力保持と、その先にある天下取りを瞬時に計算している。

また、秀吉の死後、石田三成《いしだみつなり》をはじめとする文治《ぶんち》派官僚に、加藤清正《きよまさ》や福島正則《まさのり》といった秀吉子飼《こが》いの武断派大名が対立し抗争を仕掛け、三成が窮地に立ったおりも、

「今、三成を殺すのは得策ではありませぬ。三成を助けて挙兵の機会を作らせるべきです」

と家康へ進言。正信が関ヶ原の戦いを演出した、といえなくもなかった。

三成を助けて反徳川陣営の大名を明らかにし、それらを団結させて、正面から粉砕すれば、結果として家康の天下取りが早く済むことを、正信は逸早《いちはや》く計算していたのである。五大老を各個撃破していく構想も、彼のものであったろう。碁《ご》や将棋の名人が、何十手も先を読むのと同様に、正信には先の先までを見通せる眼力があったようだ。

家康と並び、豊臣政権で重きをなした前田利家《としいえ》――その後継者である利長《としなが》が、秀吉の死後、天下取りの野心を露わにした家康打倒に立ちあがる、との計画が、増田長盛《ましたながもり》や長束正家《なつかまさいえ》ら五奉行から家康のもとへ、告発されたことがあった。家康はこのおりも、正信に意見を求めている。

正信は先代の利家と異なり、利長では前田家全軍を動かせないこと、家中の意見も割れるであろうことなどをあげ、圧力をかければ無条件に、前田家は降伏するとの読みを述べた。

家康も同意見であり、事実、前田家は利家の正室で、利長の生母にあたる芳春院《ほうしゅんいん》を、江戸へ人質に送り、家康に自らの無実を訴えた。つまり、無条件降伏したわけである。

次に五大老の一・上杉景勝《かげかつ》の征伐を標榜《ひょうぼう》し、軍勢を北へ向ければ、かならず三成が挙兵するとの〝読み〟も、正信と家康の合作によるもの。西軍荷担の諸将に、寝返りを説いたのも同断であった。

関ヶ原の戦いに勝利した家康は、三年後の慶長《けいちょう》八年（一六〇三）に征夷大将軍の宣下《せんげ》をうけ、江戸に幕府を開いた。残るは名目上の主人、豊臣秀頼《ひでより》の始末。家康と正信の主従は、誅《ちゅう》すべき罪なくして、秀頼を討つことができないことぐらいは、心得ていた。

さて、どうするか。このとき家康は六十二、正信は六十六歳になっていた。

二人は老人特有の短兵急《たんぺいきゅう》をいましめ、二年後、家康の子・秀忠《ひでただ》を二代将軍に据え、徳川幕府が世襲であることを天下に明らかにし、家康は「大御所《おおごしょ》」となって駿府《すんぷ》（現・静岡県静岡市）から天下の政《まつりごと》を司《つかさど》り、正信の嗣子《しし》・正純《まさずみ》をその側近に置いた。

正純は永禄《えいろく》八年（一五六五）生まれ、父に似て権謀術数《けんぼうじゅつすう》に長《た》けていたといわれ、江戸の秀忠のもとへ派遣された父・正信との連絡にあたった。

将軍秀忠は江戸を掌握、東日本、全国とその守備範囲を確実に広げ、家康の専任は対豊臣問題のみとなった。思えばこの頃、本多正信―正純父子の権勢は、天下に並ぶもののない、巨大なものとなっていたことであろう。

慶長十六年、二条城で秀頼（十九歳）と会見した家康（七十歳）は、わが身の年齢の頼りないことを自覚したに違いない。秀頼は若々しく、自らは老いて余命も覚束《おぼつか》ない。時間がなかった。

汚れ役を演じきる

正信は、秀吉子飼いの片桐且元《かたぎりかつもと》を徳川家公認の家老として、大坂城へとどめ、巧みに且元を操《あやつ》って豊臣家の内部崩壊を進めた。大坂城に蓄積された無尽蔵ともいえる軍資金を減らすため、女城主たる淀殿の信仰心をくすぐり、神社仏閣への寄進、改修のために金銀を湯水のごとくに使わせ、他方では若い秀頼が酒色《しゅしょく》に溺れるようにしむけたり、ありとあらゆる手立てを講じている。

家康・正信の主従は、なんとか豊臣家を無力化し、秀頼とその生母の淀殿を大坂城から他へ移して、平和裡《り》に天下の推移を明らかにしたかったようだ。が、大坂方はこれに応じず、ついには京都東山の方広寺の復興――その大仏殿に付随する鐘楼《しょうろう》の銘が、徳川幕府と家康にとって不吉である、との言《い》い掛《が》かりをつけ、大坂冬の陣へもち込むにいたる。

攻城戦が容易ではない、と考えた二人は、当初から一日も早く和議になるように工夫し、一度、和議となるや大坂城の外堀を埋めることを誓紙《せいし》に明記せず、なんとなしの口約束として伝え、三の丸どころか二の丸（内堀）までを、いっきに埋めてしまった。

このとき、この工事奉行をつとめたのが正純であり、豊臣家から抗議をうけた彼は、大御所（家康）の風邪を理由に時間かせぎをし、挙句、自らも風邪だと開きなおり、ついで大坂城におもむいて埋め尽くされた内堀をみた正信をして、

「カカル奇怪ナル事ハナシ」

などと、驚いてみせるありさま。

愚弄《ぐろう》された豊臣方が、再度の挙兵をすることも、家康・正信主従には計算のうちであったろう。

豊臣家は滅び、名実《めいじつ》ともに徳川の世となった。正信はひきつづき政治に関与する。

「百姓は財のあまらぬように、不足なきように治めること道なり」

と、自著と伝えられる『本佐録《ほんさろく》』で述べながら、彼は時代の転換期を想った。

これまで戦場で活躍してきた武断派は、これからの泰平の世にはいらない存在となる。さて、これ

をどうすればよいか。スムーズな移行をするためには、何よりも企画・立案者の自らが清廉潔白《せいれんけっぱく》でなければならない。いかに家康から加増《かぞう》をもちかけられても、正信は相州玉縄《そうしゅうたまなわ》城（現・神奈川県大船）二万二千石以上の家禄《かろく》は受けなかった。

家康の天下取りを助け、あえて汚れ役を演じきった正信は、幕府内の粛清《しゅくせい》を次には計画していたが、元和《げんな》二年（一六一六）四月十七日に家康がこの世を去ると、もはやこれまでとの思いがあったものか、同じ年の六月七日にこの世を去っている。家康七十五、正信は七十九歳。

正信の遺志は正純に受け継がれたが、この後継者には父ほどの厳しい覚悟がなかった。己れの権勢が家康と父の死によって消え失せ、新たな権力（老中）が台頭していることを自覚できず、欠陥をみつけては正純を処断しようとしている幕閣の、多数の意向を読むこともできずに、ついうっかりと宇都宮十五万五千石を拝領してしまった。

正純が失脚したのは、その三年後の元和八年のこと。彼がこの世を去ったのは、寛永《かんえい》十四年（一六三七）、享年は七十三であった。

関ヶ原西軍の副大将・宇喜多秀家の先鋒をつとめる
――宇喜多家・明石全登《あかしぜんとう》

秀吉の〝猶子〟

関ヶ原の戦いを前に、西軍の事実上の大将である石田三成《いしだみつなり》は、盟友と信じる五奉行の一《いつ》・増田長盛《ましたながもり》に宛てて密書を認《したた》めた。

そのなかで三成、は次のように述べている。

「備前中納言殿《びぜんちゅうなごんどの》（宇喜多秀家《うきたひでいえ》）、このたびの覚悟、さりとは御手柄《おてがら》、是非《ぜひ》なき次第に候《そうろう》。此《こ》の段、諸口《しょこう》より相聞《あいき》こゆべく候間《かん》、申すに及ばず候。一命を棄《す》てて御かせぎの体《てい》に候」

東西両軍の激突が近づくなかにあって、三成が五大老の一・**宇喜多秀家**《うきたひでいえ》をどのように見ていたか明らかであろう。絶対的な信頼を抱いていた、といってよい。

なぜ、秀家だけがこれほどの信任を得ていたのか。彼は純粋に、豊臣家の武人としての筋を全うすることだけを、考えていればよかったからだ。

元亀《げんき》三年（一五七二）、秀家は乱世の梟雄《きょうゆう》・宇喜多直家《なおいえ》の嫡男《ちゃくなん》として、備前の石山城《いしやま》（岡山城《おかやま》＝現・岡山市北区）に生まれている。父の直家は典型的な戦国武将、否、極悪非道《ごくあくひどう》の人といってよかった。もともと宇喜多氏は、備前南部の土豪にすぎず、直家の祖父・能家《よしいえ》の代に、備前守護代《びぜんしゅごだい》・浦上《うらかみ》氏の重臣となったものの、次の興家《おきいえ》が凡庸《ぼんよう》であったため、宇喜多家は再び没落した。

直家は改めて主家浦上家に出仕《しゅっし》し、陰謀と毒殺といった卑劣な手法を遺憾《いかん》なく発揮して、備前乙《おと》子《ご》城主（現・岡山市東区乙子）を皮切りに、備前・美作《みまさか》両国の諸城を次々と攻略。ついには、主家の浦上氏の寝首を掻き、中国筋の戦国大名にのしあがった。

が、その直家の悪運も尽きるときが来る。天正九年（一五八一）にこの悪人は病死するのだが、秀家＝幼名・八郎《はちろう》はこの時、わずかに十歳でしかなかった。

直家は傍若無人《ぼうじゃくぶじん》をもって成り上がっただけに、親族や家臣たちを信ずることができず、息子の将来を急成長を遂げる織田信長《おだのぶなが》に託し、その周旋《しゅうせん》を当時の羽柴秀吉《はしばひでよし》に依頼した。

一説に、この外交交渉で秀吉のもとへ往来したのが、堺の商人——のちの小西行長《こにしゆきなが》であったという。天正十年、秀家には叔父にあたる宇喜多忠家《ただいえ》が、家老の岡平内《おかへいない》を使者として、秀吉に介添《かいぞ》えを頼み、安土《あづち》城に参上。織田信長へ「継子《けいし》八郎」の跡目《あとめ》相続を言上《ごんじょう》し、直家の遺領を安堵する旨を許される。

藩主・宇喜多秀家

この忠家という人は、人を見る目のある人物であったようだ。

その年の四月、織田家の中国方面軍司令官となっていた羽柴秀吉が、いよいよ毛利《もうり》征伐のために姫路《ひめじ》城を出陣すると、忠家は秀吉に主君八郎の後見役を頼み込んだ。その代償として、岡山勢一万の大軍は秀吉に加勢している。毛利氏諸城の攻撃にあたっては、先陣をつとめた。

そして、秀吉が備中高松城《びっちゅうたかまつ》（現・岡山市北区高松）を水攻めにしている最中、本能寺の変が勃発《ぼっぱつ》する。

主君信長の横死《おうし》を知った秀吉は、急遽《きゅうきょ》、毛利氏と和睦し、その領土割譲《かつじょう》のうち、備中・美作両国の数郡を宇喜多秀家に与えた。この時点で、秀家の所領は父の遺領とあわせて五十七万四千石となる。

天正十三年、十四歳で元服した「秀家」（秀吉の秀と直家の家をとる）は、公式に秀吉の〝猶子《ゆうし》〟となった。以後、秀家は宇喜多姓を使わず、公式には羽柴秀家、のちには領内に出す文書には「豊臣秀家」を使用した。むろん、自家の家紋も豊臣家の「五七桐《ごしちのきり》」を用いている。少なくも岡山城の瓦は、五七桐の紋で統一されていた。元服《げんぷく》の年、秀家は従五位下侍従《じゅごいのげじじゅう》となり、翌年、翌々年にも昇進。わずか十六歳で従三位左近衛中将《じゅさんみさこんえのちゅうじょう》、参議に叙《じょ》せられた。破格の官位・役職といってよい。

これらはことごとく、秀吉の推挙《すいきょ》によるものであった。

さらに、天正十六年ごろ、秀吉は自分の養女（前田利家の四女）・豪姫《ごうひめ》を秀家の奥方に娶《めと》らせ、豊臣家・前田家・宇喜多家の三家の結合をはかっている。

このように秀吉の、秀家に対する特別の厚意は、己れの死後、次代の豊臣家を秀家にこそ支えてほしい、との思惑あればこそであり、逆にいえば秀家は幼少期から、将来を嘱望《しょくぼう》されるものを秀吉に認められていた、ともいえる。

文禄《ぶんろく》元年（一五九二）の朝鮮出兵に際し、秀家は元帥《げんすい》（派兵軍の総司令官）として渡海し、見事な戦いぶりを発揮し、その軍功により同三年、権中納言《ごんのちゅうなごん》に昇進している。

貴公子の補佐役

慶《けい》長三年(一五九八)に入り、病に臥《ふ》した秀吉は、豊臣家の後事《こうじ》を託するため、「五大老」を定めた。徳川家康《とくがわいえやす》・前田利家《まえだとしいえ》・毛利輝元《もうりてるもと》・上杉景勝《うえすぎかげかつ》、そして宇喜多秀家が指名される。

秀家は最年少者の二十七歳であったが、その官位はすでに、大納言《だいなごん》の家康につぐ中納言であった。晩年の利家でさえ権大納言にすぎなかったことを思えば、その秀吉が寄せる期待の大きさがわかろうというもの。

秀吉の秀家に対する処遇は、むしろ実母・お福《ふく》の方の尽力《じんりょく》のおかげだ、との説もある。絶世の美人と謳《うた》われたお福は、夫の直家が病死して寡婦《かふ》になると、秀吉の側室となった。確かに秀吉は、お福の方を寵愛《ちょうあい》している。朝鮮出陣のおり、名護屋《なごや》城から大坂城にいたお福に宛てた手紙が残っていた。

「(前略)かえすがえす八郎(秀家)もふかい(釜山)までこし候て、なに事もなく候まま心やすく参らせ候。めでたく候」

豊臣家と宇喜多家はともに、一つの運命共同体のなかにあったことが知れよう。

いずれにせよ、こうした環境のなかで成人した秀家が、豊臣家のためだけを考え、一途《いちず》に関ヶ原での決戦にのぞんだのも無理からぬことであった。ましてや秀家は、西軍を裏切った小早川秀秋《こばやかわひであき》に比べ、決して愚鈍《ぐどん》ではなかったのだから。

ただし、宇喜多家の家政を総攬《そうらん》することに関しては、この貴公子には少し荷が勝ちすぎたきらいがあった。なにしろ、生まれながらの貴人に、人々の機微がわかるはずもない。

とくに後見の秀吉が他界し、朝鮮からの撤兵が行われるというような、大名にとって財政窮乏というマイナス材料が発生すると、秀家はお手上げ状態となり、宇喜多家は大きく揺れることとなった。猶父《ゆうふ》秀吉を失った悲しみに暮れる秀家に対して、朝鮮出兵による莫大な出費を強《し》いられた宇喜多家では、財政難が直撃する。本当ならここで、秀家は家の再建に取り組まねばならないのだが、かつて苦労の経験をしたことのないこの貴公子には、その解決法も容易には見つからない。

秀家が家政を委《ゆだ》ねていた重臣・戸川達安《とがわみちやす》（たつやす、とも）と、反対派の間で抗争が起きる。

一触即発《いっしょくそくはつ》のお家騒動に、徳川家康と大谷吉継《おおたによしつぐ》の二人が豊臣政権を代表して仲介に入り、一応実力行使は回避され、叛乱者は家康や増田長盛に預けられたものの、彼らのなかには歴戦の勇士が多く、この戦力が関ヶ原では東軍側についたのは痛かった。

なかでも、このおりの叛乱側の大立者・浮田左京亮《うきたさきょうのすけ》こそは、大坂夏の陣の終幕に活躍する、石見国（現・島根県西部）津和野《つわの》三万石（のち四万石余）の大名・坂崎出羽守直盛《さかざきでわのかみなおもり》その人であった。

誰かが、貴公子を補佐しなければならない。しかも家康と石田三成の間で風雲は急を告げていた。このとき、颯爽《さっそう》と出現したのが、**明石全登《あかしぜんとう》**（たけのり、とも）であった。彼は譜代の老臣たちが執政の場から退去したのに、入れ替わるように登場した。

明石一族はもともと、宇喜多氏と同様に浦上《うらがみ》氏の臣下であったが、全登の父・景親《かげちか》の代に宇喜多家の与力＝客分となり、招請された全登は、『宇喜多中納言秀家卿家士知行帳』によれば、磐梨郡《いわなしごおり》熊野《くまの》保木《ほぎ》城主（現・岡山市東区）に三万三千余石を拝領する、小大名でもあった（与力分もあわせれば、三万六千七百石）。

諱《いみな》を守重《もりしげ》ともいい、掃部頭《かもんのかみ》を称し、ヨハネ、ジョアン、ジュストといった洗礼名をもつ敬虔《けいけん》な切支丹《きりしたん》でもあった。生没年不詳で、関ヶ原の戦いと大坂の陣のみに出現する、惑星のような人物。

ただ、変幻自在の陣頭指揮に長《た》けており、侍大将＝家老としては有能であった。全登を「てるずみ」とも読んだ。

慶長五年の秋、関ヶ原の前哨戦《ぜんしょうせん》＝杭瀬川《くいせがわ》の一戦でも、三成の侍大将・島左近《しまさこん》や蒲生郷舎《がもうさといえ》が東軍の中村一栄《なかむらかずひで》、有馬豊氏《ありまとようじ》を挑発し、開戦に及んだおり、その後詰《ごづめ》に全登の姿があった。

苦戦に陥った東軍の中村隊を救うべく、援軍に赴いた有馬勢を、福田畷《なわて》において宇喜多軍の前衛を預かる全登が要撃《ようげき》。この前哨戦を完全勝利に導く、重要な役割をそつなく果たしている。

明ければ空前の、〝天下分け目〟の東西決戦の当日——。

南天満山《みなみてんま》の南麓《なんろく》に本陣をおいた宇喜多勢は、騎馬武者一千五百余騎、足軽一万五千余。この西軍最大の野戦兵力は、全軍を五段に構え、東軍の先鋒・福島正則《ふくしままさのり》の突撃に備えた。

午前八時、戦端が開かれると、全登は宇喜多の前衛八千に麾《さしずばた》（采配）を振り、攻めてくる福島勢六千余を、苛烈な攻勢で五百メートルほど押し返した。その後、両軍の一進一退が繰り返され、突き進んだ方から、そのたびに鬨《とき》の声があがった。旗幟《きし》入り乱れての局地戦は、定石《じょうせき》どおり銃撃戦から白兵戦《はくへいせん》に移ると、いっそう激しさを増した。

五時間が経過。そのうち、北天満山にあった小西行長の軍勢が、寝返った小早川秀秋らの襲撃を受けて崩れた。陣を接していた宇喜多勢の統制も、ここでにわかに乱れる。

生死は不明

いかに全登が采配の妙を発揮しても、宇喜多勢には予備兵力がなかった。疲労困憊《ひろうこんぱい》するなかで、大谷吉継と小西行長の軍が総崩れとなる。もはや、戦線維持は不可能であった。

宇喜多勢は、死傷者二千余名を出していた。

秀秋の裏切りを知った秀家は、怒髪天《どはつてん》を衝《つ》き、全身、憤怒《ふんぬ》の化身となり、

「おのれ小倅《こせがれ》め。天下傾覆《けいふく》のきわまり。このうえは刺し違えてくれん！」

カッと逆上、小早川の本陣に斬り込んで玉砕すべく、馬を引き寄せた。

それを必死に押しとどめたのは、全登であった。彼は戦局が逆転した苦境に身をおきながらも泰然《たいぜん》自若《じじゃく》、平時と少しも変わらない。

「殿、〝天下分け目〟はこれからにございます。秀頼公の行く末に、望みをかけられませ」

主君の秀家を説得、戦場から逃がすため、全登はその場に踏みとどまって、さらに奮戦した。

そして、主人の戦線離脱を見届けて、まもなく彼も退却する。『備前軍記《びぜんぐんき》』によれば、全登は大坂から飾磨《しかま》の港に出たという。

秀家は、家臣の進藤三左衛門正次《しんどうさんざえもんまさつぐ》をつれ、一時は伊吹《いぶき》山中に身を隠したが、主従二人は山中を北に逃れて、夕方に北近江の一農家にたどりつき、ここから大坂の宇喜多邸へ三左衛門が通報に赴く。秀家夫人・豪姫の命で、難波助右衛門秀経《なんばすけえもんひでつね》など五人の者が秀家のもとへ向かい、主君秀家の救出を相談した。結果、秀家の死を発表して時間を稼ごうと、三左衛門はさっそく大坂に出て、家康の謀臣・本多正信《ほんだまさのぶ》の子である正純《まさずみ》に、秀家の死を詳細に報告する。そのおかげで、どうにか危機を脱した秀家は、半年ぶりに実母のお福＝円融院《えんゆういん》の邸（現・大阪府堺市）にたどりついた。

ここに一年二ヵ月潜《ひそ》んだ秀家は、徳川方の忍びらしき者が邸の辺りをうかがっているのに危険を感じ、慶長七年（一六〇二）堺より船便で薩摩に潜行。「休復《きゅうふく》」と号して島津家の保護を受ける。

このとき、島津家は家康を相手にもう一戦交えるつもりであり、秀家の名声に期待したのだが、徳川家との和睦《わぼく》が成立すると、今度は秀家が邪魔になり、約三年後、秀家に自首させ、死罪のみは許されるようにと、家康に執《と》り成した。

駿府へ呼び出された秀家は、慶長十一年に八丈島へ流罪《るざい》となっている。

十二人の従者とともに八丈島の大賀郷におちついた彼は、鳥も通わぬこの離島で、苦難の生活を送りながら、ときに望郷の念に泣きつつ、約五十年——八十四歳の生涯を送った。

明暦《めいれき》元年（一六五五）十一月二十日に、悲運の一生を終えた秀家の墓は、今も八丈島に残されている。彼が没したとき、時代はすでに徳川幕府四代将軍・家綱の治世《ちせい》となっていた。

一方の全登はどうしたのか。主人と行動を共にせず、彼はどこに身を潜めていたのか、大坂冬の陣のおり、その姿を忽然《こつぜん》と人前に現した。

『大坂御陣山口休庵咄《きゅうあんばなし》』に、「明石掃部、人数初め四千の着到《ちゃくとう》にて、後《のち》人数抱へ申し候」とある。

大坂方は、家康に勝てば切支丹を認める、との公約を掲げていた。それゆえの参加であったのか、全登はここでも神技のような采配を振り、終始、攻城方に勝《まさ》っていた。が、戦《いくさ》を知らない女主人・淀殿の主導で、決戦は一旦和睦《わぼく》となり、やがて夏の陣となった。

全登の善戦もむなしく、大坂城は落城した。

細川忠興《ただおき》が老臣たちに宛てた、慶長二十年五月十一日付の書状には、

「明石掃部も手柄《てがら》にて、六日に討死し」

とあったが、その四日後の書簡には、

「此の内《うち》掃部は、逃げたるといふ説もこれに有り」

と書かれていた。

逃亡後、一説には南蛮《なんばん》に渡ったともいう。いずれにせよ、切支丹ゆえに自害はしなかったようだ。おそらく全登はその余生を血生臭い戦場ではなく、信仰の世界に生きたのではあるまいか。

逆転勝利の軍師、深謀遠慮の人——仙台藩・片倉小十郎《かたくらこじゅうろう》

梵天丸の傅役

中国最古の詩集『詩経《しきょう》』に、

「瞻《み》るとして父に匪《あら》ずということ靡《な》く、依《よ》ること母に匪《あら》ずということ靡《な》し」

という一節がある。

われわれが仰ぎ見る人は父であり、寄りそうて頼りにする人は母である——なんといっても、父母《ふぼ》が一番大切だ、という意味だ。日本の戦国時代、〝独眼龍《どくがんりゅう》（竜）〟と人々に畏敬《いけい》された武将・伊達政《だてまさ》宗《むね》の場合も、まずは父アリキであった。

永禄十年（一五六七）八月、奥州の米沢城に生まれた政宗は、母・義姫《よしひめ》（保春院《ほしゅんいん》・最上義守《もがみよしもり》の娘）に毒殺されそうになった、との伝承もあり、いささか疎《うと》まれたようだが、父・輝宗《てるむね》には徹底して愛された。

おそらく、この父がいなければ、〝名家老〟**片倉小十郎《かたくらこじゅうろう》**に出会うことはなく、彼に鍛えられて政宗が歴史の表舞台に上がることも、なかったに違いない。

名門伊達氏は、源平合戦以来の名門であった。奥州を平定した源《みなもとの》頼朝《よりとも》の軍勢に、「常陸《ひたち》入道《にゅうどう》念西《さい》」とその子らがあり、この念西が伊達氏の祖・朝宗《ともむね》と比定されている。

この父子が、奥州《おうしゅう》（現・青森、岩手、宮城、福島の各県及び秋田県の一部）伊達《だて》郡《ごおり》（現・福島県）の地を賜わり、南北朝の時代には当主・伊達《だて》行朝《ゆきとも》の活躍によって領土を拡張した。

ちなみに、郡《こおり》とは昔の国（今の県に相当した行政単位）で、国より小さく区分した、町村を含む地域のことを称したもの。

室町幕府の成立後は、文武に秀でた〝中興《ちゅうこう》の祖〟・九代の「大膳大夫《だいぜんのだいぶ》入道円孝《にゅうどうえんこう》」こと「政宗」の出現により、黄金時代を迎える。

この大膳大夫政宗の妻は、室町三代将軍・足利義満《あしかがよしみつ》の生母・紀良子《きのよしこ》の妹にあたり、将軍家の後援を得た政宗は、奥州屈指の国人《こくじん》となった（享年五十三）。以後も伊達家は、奥州探題《たんだい》、守護補任の運動を代々推しすすめ、大永《たいえい》二年（一五二二）の冬、ついに十四代・伊達稙宗《たねむね》は、陸奥国守護《むつのくにしゅご》となる。

だが、好事魔《こうじま》多しの例え——稙宗とその嫡子《ちゃくし》・晴宗《はるむね》の間で、父子喧嘩が勃発した。

この晴宗の次男（のち嫡子）として生まれたのが、伊達輝宗——すなわち、政宗の父であった。

彼は、親子喧嘩＝内乱の恐ろしさを身に染みて体験、嫡男《ちゃくなん》の梵天丸《ぼんてんまる》が母の義姫に疎まれ、次子の竺丸《じくまる》に家督を譲るように、と執拗《しつよう》な働きかけをうけたおりも、終始、梵天丸を擁護《ようご》し、この子が十一歳になると、電光石火に「藤次郎政宗《とうじろうまさむね》」の名乗りを与えた。伊達家中興の祖の名を継がせることで、輝宗はわが嫡男に、苛酷な乱世を行き抜く覇気と性根を求めた、といってよい。

では、なぜ父はここまでわが子の梵天丸に気をつかい、母はどうして自ら産んだこの子を廃嫡《はいちゃく》しようとするほどに嫌ったのであろうか（一説に毒殺しようとしたとも）。

すべては梵天丸が五歳のおり、疱瘡《ほうそう》（天然痘《てんねんとう》）にかかったことからはじまっていた。毒素が右眼に入って失明し、そのうえ白く腫れた目玉は半ば垂れて、醜悪の体《てい》となった。そのため梵天丸は無口になり、内向的で暗い子供に育ってしまう。母は自らの看病のいたらなさを責め、その悔いがかえってわが嫡子を遠ざけることになったようだ。

このままでは、伊達家は次代で滅びる――だからこそ母は、次子に家督をと迫ったのだが、父はそのかわりに一人の傅役《もりやく》（教育係）を捜し出してきた。それが、片倉小十郎であった。

『伊達世臣家譜《だてせいしんかふ》』に拠《よ》れば、小十郎は伊達家譜代の家臣ではなく、米沢成島《なるしま》八幡宮の神職《しんしょく》＝宮司の片倉式部《しきぶ》少輔《しょうゆう》景重《かげしげ》という人の、次男であった。諱《いみな》を景綱《かげつな》という。天正《てんしょう》三年（一五七五）、梵天丸九歳のおりに徒小姓《かちごしょう》として召し抱えられ、のち近侍《きんじ》傅役となった。仕えたとき、小十郎は十九歳。

片倉小十郎

おそらく彼は、正規の武士ではなかったがゆえ、より一層、武士らしく自らを鍛えたようで、鹿島か香取のような、神式の兵法も修めていた。きりりとした面持ちの、偉大夫であったようだ。

その小十郎が、梵天丸の劣等感に体当たりするように、「男は顔や形ではありませぬ」と迫る。一番ふれられたくないところにふれられた梵天丸は、その場を逃げ、ますます部屋に閉じ籠もるようになった。

が、その一方で、父の己れにむけてくれる慈愛、その父が差し向けた小十郎の心は、理解できたようだ。

ついには近習に、「この右眼を刺し潰してくれ」と迫ったが、周囲はことの重大さに怯え、逃げ散った。そのとき、「それでは」と白刃《しらは》を握ったのが小十郎であったという。もとより、専門の医師が手術には執刀したであろうが、この右眼がえぐり取られたとき、梵天丸は性格が変わった。心の醜さが消え、自らに自信がめばえはじめたのである。

お家の正念場を支える

その体力、理解力に応じて、小十郎は実践さながらの弓馬《きゅうば》の術、刀槍《とうそう》などの稽古を行った。明らかなスパルタ式であったが、「政宗」の名をもらった梵天丸は、必死になって喰《く》らいついていく。

二人の間にはいつしか、主従を超えた、肉親に近い信頼が生まれていた。

父・輝宗は政宗より一歳年下の、沈着冷静で豪胆《ごうたん》不敵な一門の出、伊達成実《しげざね》をわが子の側に配置し、一方で遠い未来を慮《おもんぱか》るように、遠藤基信《もとのぶ》という老学者をはじめ、〝文〟の学者を揃えることも忘れてはいなかった。絶妙の、文武のバランスといってよい。こうした人的配慮は、乱世が終息し、泰平の時代になってから、政宗の教養として活かされることとなる。

天正五年（一五七七）に元服、同七年に三春城主・田村清顕《きよあき》の娘・愛姫《めごひめ》を娶《めと》った政宗は、天正十二年に家督を相続する。

中央に比べて五十年は遅れている、といわれた奥州は、政宗が当主となった頃から、ようやく本格的な群雄割拠《ぐんゆうかっきょ》の時代を迎えた。

北に母の実兄・最上義光《よしあき》、大崎義隆《おおさきよしたか》、葛西晴信《かさいはるのぶ》。南には畠山義継《はたけやまよしつぐ》、二階堂一族、そして伊達氏よりはるかに大きい蘆名《あしな》一族、佐竹義重《さたけよししげ》——云々。

天正十三年、一度は伊達氏に服従を誓いながら、政宗の若さを舐《な》めてかかった安達郡《あだちごおり》（現・福島県）小浜《おばま》城主・大内定綱《さだつな》（西国の雄・大内氏の傍流を自称）が、ふいに伊達氏を裏切り、蘆名家を頼った。十九歳の政宗は、己れの力量を問われることになる。

すぐさま伊達軍は、定綱の籠《こも》る小手森城《おてのもりじょう》（おでもりじょう、とも／現・福島県二本松市）を攻めたが、今度は二本松城主の畠山義継が大軍をもって、その背後から襲ってきた。

大内の城兵と援軍の畠山氏に挟《はさ》まれ、政宗は絶体絶命の窮地に追いつめられる。

このときであった。

「殿、ここが正念場ですぞ、勝つか死ぬか、二つに一つじゃ」

小十郎は言い放った。

そして彼は兵を三つに分け、二つを前後へふりわけ、残る一つを遊軍として使い、見事、敵方を分散したまま叩き、ついには敵方を総崩れに導いている。

小手森城はやがて落ち、政宗は女子供の別なく、城内にあった八百有余人をことごとく、一人残らずに惨殺せしめた（数は諸説あり）。少しでも、やさしい＝弱いとみくびられることは、味方を簡単に敵に走らせることになりかねなかった。いつ家臣や一族、味方に寝首を掻《か》かれるかもしれない、というのが乱世である。政宗の怒りに震えた大内定綱は、あっさりと小浜城を捨て、二本松から会津へ、蘆名氏をたよって奔《はし》った。

次に、政宗に狙われた二本松城の畠山義継は、隠居していた輝宗に必死のとりなしを頼み、ようやく伊達氏との和睦《わぼく》にこぎつける。だが、その親睦《しんぼく》の宴席でいきちがいが生じ、義継は輝宗を拉致してその場を逃げ去ろうとする。そのとき、外出先から政宗と小十郎が戻って来た。

義継の一党を追いつめながら、父を人質に取られ、手出しのできない政宗に、

「わしに構わず撃て」

輝宗がそのように命令し、政宗はそれに従った。

義継は観念したのであろう、輝宗を刺殺して、その返す刃で自らの胸を刺し貫いて死ぬ。さすがに落ち込む政宗に、小十郎の叱咤激励《しったげきれい》が飛ぶ。乱世はまだ、終わっていないのですよ、と。

小浜城主・大内定綱は佐竹義重を頼って亡命。佐竹・蘆名を主力とする、岩城《いわき》・石川・白河・二階堂・相馬の連合軍三万余が進軍してきた。彼らは一気に、伊達氏を屠《ほふ》るつもりでいた。

このとき、政宗の兵力は八千。後世にいう「人取橋《ひととりばし》の合戦」が行われたのだが、なにしろ敵兵力は約四倍以上。凄まじい混戦の中、大将の政宗が敵兵七、八名に取り囲まれる、との窮地があった。

——このときである。

「片倉、ひるむな。大将政宗、ここにあり」

大音声《だいおんじょう》で窮地の政宗に語りかけ、敵兵を己れにひきつけた男がいた。小十郎である。

政宗は、九死に一生の死地《しち》を脱することができた。

このおりの合戦は、古観音堂《こかんのんどう》を本陣として、四方へ押し出したが、伊達軍の総崩れとなり、古観音堂の南十五里にあった人取橋の攻防が、戦いの勝敗を決することとなる。ところが、兵力に劣る伊達家の将兵は疲れて、徐々に山頂へ追い上げられていく。

明朝が最期か、と思ったちょうどその夜、連合軍は一気にその大軍を引いた。

佐竹義政《よしまさ》（佐竹一門の小野寺義昌《おのでらよしまさ》か）が陣中で殺され、それが引き金となって、勝っていた連合軍は味方同士で疑心暗鬼となり、渋々の参陣であった白河・石川・岩城や蘆名・二階堂の親伊達派の思惑などもあって、陣をひきはらったのであった。

政宗は首の皮一枚で、敗北を免れた。勝敗は常に、天の配剤――一瞬にして、逆転することもある。問題はそこまで、軍勢の士気を持ちこたえられるかどうか、であった。

政宗の軍師、秀吉と駆け引きす

小十郎の軍師としての才覚は、この点でも抜群であったといえる。とにかく、持久戦に強かった。

天正十七年（一五八九）六月の、蘆名領侵攻作戦（摺上原《すりあげはら》の戦い）でも、寝返った蘆名の一族・猪苗代盛国《いなわしろもりくに》が伊達軍の先陣をつとめたが、事実上の切り込みは先陣である第二陣の小十郎の担当であった。合戦は突風のため、伊達軍に不利であったが、向きが変わるまで持ちこたえた小十郎の活躍で、戦いは伊達軍の逆転勝利となった。

敵の主将・蘆名義弘は、日橋川《にっぱし》で溺死した者千八百余人に加えて、三千五百八十余を伊達軍に討たれて、黒川城を脱し、白河へと逃れた。

奥州をほぼ平定する勢いを示した〝独眼龍〟の右側には、常に小十郎の姿があった。

ところが、奥州で合戦にあけくれている間に、上方では関白「豊臣」の姓を帝より賜った秀吉の〝天下〟が、着実に樹立に近づき、天正十八年には西国の軍勢二十万をもって、小田原北条攻めが開始される。

すでに四国・九州は平定され、徳川家康も秀吉に臣下の礼をとっていた。

このとき、会津黒川城（のち会津若松城）にあった政宗は、老臣たちを召して軍評定《いくさひょうじょう》を開く。

これから小田原へ参陣するべきか、それとも拒絶するべきか――。

政宗は内心、進退きわまっていたといってよい。小田原参陣も、今年の初めに政宗が上洛《じょうらく》していれば、伊達家の存亡《そんぼう》を問われることはなかったはずだが、時機を逸《いっ》してしまった。

今さら小田原に参陣したとて、許されないかもしれない。また、すでに蘆名氏から奪った土地を、召し上げられるのは明白である。かといって、抗《あらが》って戦っても、敗れれば伊達家は滅亡する。

伊達成実をはじめ老臣たちはみな、「秀吉なにするものぞ」と一戦を交える気概《きがい》を示したが……。

天正十五年の時点で秀吉は、関東と陸奥、出羽の大名・土豪たちに対して、「関東・奥両国惣無事《そうぶじ》令《れい》」（私戦禁止令）を出していた。秀吉から蘆名攻めを非難する書状が政宗のもとへ届き、政宗も奥州探題としての権限を主張するべく、使者を秀吉に送っていた。

評定は結論の出ないまま、一旦、打ち切りとなる。

その夜、正確には五月四日——政宗は城内三の曲輪《くるわ》にある、片倉邸へ自ら沈痛な面持ちで出向いた。

そして、今日の昼間の評定において、発言を控えた小十郎の真意を質《ただ》す。

すると小十郎は、辺りに飛ぶ蠅《はえ》を団扇《うちわ》で追い払う仕草をしながら、

「殿、要するにこれでございますな。そう、団扇と蠅でござる」

そう言って、言葉を継いだ。

伊達家を団扇とすれば、蠅は天下の大兵であり、天下の大兵はどこからともなくやってくる蠅と同様、追えども殺せども尽きることがない。逆に、秀吉を団扇とすれば、殿は蠅。団扇が振り上げられたとき、すばやく逃げればよい。小十郎の言いたいことを理解した政宗は、苦笑した。ときに政宗二十四歳、小十郎は三十四歳であった（秀吉は五十四歳）。

秀吉からの勧降工作もあり、小田原城の前衛・山中城が落ちた三月二十九日——この辺りで政宗は、小田原参陣を決意したようだが、彼がいよいよ会津を出発したのは、五月の九日になってから。会津から越後に出て、信濃、甲斐を迂回したので、小田原への到着は六月五日になってしまった。

この間、政宗はおそらく、前田利家や家康に働きかけをしていたかと思われる。

その結果として、秀吉の命令で、底倉《そこくら》（現・神奈川県足柄下郡箱根町底倉）に押し込められることになったが、このおり利家を通じて、

「せっかくの機会ゆえ、千利休どのに、茶の湯の教授を賜わりたい」
と申し出、秀吉を驚かすとともに、髷《まげ》を切り、髪を水引きで一束に結い、白麻《はくま》の陣羽織《じんばおり》に着がえ、死装束《しにしょうぞく》を演出する。

深謀遠慮の主従

同月九日、秀吉は石垣山の陣所《じんしょ》で政宗を引見《いんけん》。そのおり政宗は何ら臆する色もなく、死を覚悟した姿で現れた。その奇抜さ、〝伊達男〟ぶりを気にいった秀吉は、奪った蘆名氏の旧領は没収したものの、伊達の本領は安堵し、政宗を無事に帰国させている。

この年の十月、小十郎は秀吉から別途、田村領五万石を拝領した。彼は一旦これを頂き、のちに返上している。秀吉は、小十郎こそが政宗の心棒《しんぼう》だと見破り、伊達家を分断させる腹積もりであったが、小十郎はこれに乗らなかった。

秀吉は小田原征伐につづいて、「奥羽仕置《しおき》」を断行する。

新たに会津に入ることになった蒲生氏郷《がもううじさと》、それに政宗には伯父甥の関係となる最上義光《よしあき》が、秀吉にさからう大崎義隆、葛西晴信らの所領没収を行ったのだが、政宗はこのおりも、裏にまわって一揆を画策。秀吉に取り上げられた、旧領の回復を謀《はか》った。

が、その一揆を煽動した証拠の書状を、あろうことか秀吉に押収されてしまう。

「上洛《じょうらく》せよ」

との命令に、政宗は再び死装束をまとったものの、それのみならず三十騎ほどの馬上の行列の先頭に、金箔を押した磔柱《たっちゅう》を押し立てた。これで磔《はりつけ》にしてください、との演出であったが、今度は前回のようにはいかない。なにしろ政宗は、自署の花押《かおう》（書判）の書状を、秀吉に押収されている。

本来なら、申し開きは不可能であった。にもかかわらず政宗は、これは私の花押「鶺鴒《せきれい》」（尾が長く、それを上下に動かす鳥、水辺にすむ・イシタタキとも）ではない、という。

なぜならば、私の花押には私自身が、針で穴をあけているのに、この花押には鶺鴒の目の部分に針の穴がない、というのだ。

秀吉は政宗の予想外の申し開きに驚き、早速、これまで政宗から送られてきた書状をことごとく取り寄せて調べさせた。すると、いずれも鶺鴒の目の部分に、針で穴があけられているではないか。

政宗は一揆の煽動がばれたときのことを考え、密書にはあえて針で穴をあけずにいたのだった。

この深謀遠慮《しんぼうえんりょ》にも、小十郎の存在が一枚加わっていたようだ。

関ヶ原の合戦を経て、慶長七年（一六〇二）、小十郎は伊達家の領地のうち、刈田《かった》郡の白石《しろいし》城主（一万三千石）となり、〝名家老〟ぶりを発揮しつつ、元和元年（一六一五）十月、五十九歳でこの世を去っている。

一方の政宗は、寛永《かんえい》十三年（一六三六）まで生き延び、七十歳でこの世を去った。

武士の覚悟で新興の藩を経営――紀州藩・安藤帯刀《あんどうたてわき》

奉公に私心なし

徳川家康の十男・頼宣《よりのぶ》が、慶長十四年（一六〇九）十二月、駿府城を与えられ、それまでの水戸二十五万石から、駿河《するが》・遠江《とおとうみ》・三河のうちで五十万石を領有することとなった。この年、頼宣は八歳。

血筋が家康の子であり、石高五十万石もあれば、あるいは天下を望む野心が、将来、起きないとは限らない。ちなみに、長子相続制は、家康が直孫で三代将軍となった家光を認める際にもちいたもので、それ以前の戦国乱世では、かならずしも長子が家を継ぐとは限らなかった。

戦乱の世では血の序列よりも、力量、器が優先され、家が優れたトップを欲したからである。

頼宣は、慶長七年の生まれ。家康はこの年老いてからできたわが子の将来を危ぶんだ。

もし、万一のことを企てたなら、否、企てることのないように、未然に叛意《はんい》を止めるためにはどうすればよいか。家康は考え抜いて、慶長十五年に子飼いの優秀な家臣〝中央官僚〟の中から、とくに**安藤帯刀**《あんどうたてわき》と**水野重央**《みずのしげなか》の二人を選んで、頼宣の傅役《もりやく》（後見人・養育係）とした。

なかでも、帯刀である。なぜ、彼なのか。無論、この人物が図抜けて優れていたからだ。

天文二十三年（一五五四）生まれの帯刀は、代々、三河松平《みかわまつだいら》（のち徳川）に仕えた家の出。幼名を千福丸、通称は彦四郎、のち彦兵衛と改めた。諱《いみな》は直次。帯刀は従五位下に叙せられたときの官名で、その後に通称ともなった。

幼少の頃から家康に近侍し、その馬廻《うままわ》り（親衛隊）の将校として数々の武功をあげ、一隊をひきいての元亀《げんき》元年（一五七〇）の姉川の戦い、天正三年（一五七五）の長篠《ながしの》・設楽原《したらがはら》の戦い、同十二年の小牧《こまき》・長久手《ながくて》の戦いなどに従軍し、大いに活躍した。慶長五年（一六〇〇）の関ヶ原の戦いでは、家康の御使番《おつかいばん》――指揮権をもつ連絡将校――をつとめた。このとき、四十七歳。

その後、本多正純《まさずみ》、成瀬正成《なるせまさなり》らとともに、〝大御所〟となった家康のもとで国政に参与し、一国の政治を預けられる人物として、自他共に認める存在となっている。

それが頼宣の傅役――今風にいえば、親会社の重役候補の部長から、創設間もない子会社へ、代表権は付くものの、移籍するようなもの。しかも帯刀は、片道切符であった。

「帯刀ことは、申し立つこと一つもなし。仔細《しさい》は分別《ふんべつ》・才智《さいち》・武勇兼備《ぶゆうけんび》したる故《ゆえ》、取り分けて、何も申し立つることとなし」（岡野繁実《おかのしげざね》著『名将言行録』）

家康をして、そこまでいわしめた武士《もののふ》である。帯刀自身も、

「生涯、奉公のみにて私心なかりし」

といい、その生き方を実践してきた人物でもあった。

それにしてもなぜ、帯刀なのか。一つのヒントがあった。関ヶ原の戦いののち、家康の近侍は一律

一万石を賜わることとなる。ところが一人帯刀のみは、家康の勘違いから横須賀五千石にとどまったまま。源平合戦《げんぺいがっせん》の昔から、〝一所懸命《いっしょけんめい》〟は武士の習いである。その評価＝土地の石高を誤って支給されたら、誰でも怒る。すぐにも抗議したであろう。にもかかわらず帯刀は、訴え一つせずに、そのまま五千石に甘んじていた。

数年を経てようやく、家康は己れの間違いに気づき、慌てて帯刀へ遠州掛川《えんしゅうかけがわ》二万石を与え、数年分の米を見積もって、渡して詫びた。よほど帯刀は、己れに自信があったのであろう。あるいは家康は、こうした帯刀の性格を好んだのではあるまいか。

元和五年（一六一九）、頼宣は幕命《ばくめい》により、駿河ほか五十万石から改めて、紀州《きしゅう》五十五万五千石への移封となった。石高は増えたが、拝領《はいりょう》の地は江戸から離れた。

このとき、二代将軍・秀忠《ひでただ》は、頼宣が江戸から遠い紀州への移動を嫌がるのではないか、と危惧し、この点をとくに、と帯刀に頼んだ。帯刀は色々と説得につとめ、どうにか頼宣をなだめすかして紀伊《きい》入国を実現したが、和歌山城下に近い山間部に来るころには、再び頼宣の機嫌は悪くなっていた。

「こんな辺境の地に、移されるとは――」

と嘆き、怒る主君に、帯刀は、

「徳川宗家《そうけ》に一大事《いちだいじ》が起きれば、この紀州ほど東西に重要な土地はありませぬ。この険しい山道こそが、徳川宗家を守るものとお考えくださ_い」

険しい山間は、要塞《ようさい》の地である、と説得したわけだ。

時代によって変貌する〝武士道〟

実は帯刀、将軍・秀忠とは別に、老中・土井利勝《としかつ》からも、極秘の命を受けていた。

利勝はいよいよ紀州へ赴《おもむ》かんとする帯刀に、声を落として次のように懇願《こんがん》した。

「頼宣君は、若年である。それゆえ、徳川本家へ逆心の企《くわだ》てをもたれることがないとは言いきれぬ。もし、そのようなときが来たならば、すみやかにご公儀《こうぎ》（幕府）へ言上するよう、はじめにあたり、貴公にぜひとも、起請文《きしょうもん》を書いてもらいたい」

すると帯刀は、この男らしく言ってのけた。

「上意、謹んで承《うけたまわ》った。なれど、いったん君臣となったからには、たとえ狂乱の企《くわだ》てがあったとしても、主人のことを訴え出ることはできぬ。したがって、起請文での誓約《せいやく》の儀は承諾《しょうだく》いたしかねる。万一、謀叛《むほん》の志などもたれたならば、きつく諫言《かんげん》申し上げるが、それでもなお、お聞き入れないとあらば是非もない。そのときは、馬前に討死するよりほかありますまい」

利勝からの復命で、帯刀の忠義の志を聞いた家康は、「さてこそ」と涙を流して感謝したという。

戦国の世を通じて徐々に形づくられた武士道は、この帯刀の覚悟そのものでもあった。

主人（主君）に対しては、善悪にかかわりなく死をもって奉公するのが、究極の臣下の道だ、との主張である。

家康の同盟者・織田信長に仕えた、明智光秀《あけちみつひで》とその重臣たち（斎藤利三《さいとうとしみつ》・明智秀満《ひでみつ》・明智秀忠《ひでただ》・藤田伝五）をみるといい。

織田家の畿内方面軍司令官に栄達し、近江《おうみ》・滋賀郡を与えられて坂本城主となり、官職も日向守《ひゅうがのかみ》に任じられて華々しく各地に転戦。なおも山陰方面軍司令官として、丹波《たんば》・丹後《たんご》の二国を加増されながら、本能寺の変をひきおこした光秀——その重臣たちはこぞって、その暴挙を諫言した。が、光秀に謀叛を中止する意志がないのを知るや、きっぱりと前言を捨てて、生命《いのち》を賭けて光秀の主殺しに荷担した。

この一死をもって主君に忠誠を貫く、という武士道は、敵味方の別なく、当時の武将たちには尊重された。だからこそ、光秀の片腕とも称された斎藤利三の娘・お福は、三代将軍・徳川家光《いえみつ》の乳母《うば》(春日局《かすがのつぼね》)となって、大奥の全権を任されたともいえる。直接の主君に忠義を尽くし、その上位の主人を討ったとしても、部下の立場の者は、それで良しとされた時代であった。

紀州に移った帯刀は、田辺に三万八千八百石を領し、水野重央は新宮《しんぐう》に三万五千石を領有した。頼宣は紀州徳川家の体面を守るためと称して、牢人(浪人)の新規召抱えを積極的にはかったが、他方では幕府から送りつけられた家臣たちもあった。

紀州藩はいわば、新興のプロジェクト会社で、社員寄せ集めの組織といえなくもなかった。帯刀は自らの知行地・田辺の采配《さいはい》は、自身の家老である一門の安藤小兵衛《こへえ》にまかせて、和歌山に常駐し、頼宣の補佐に専念した。

父親と傅役——頼宣が成人してからは補佐役として——これが帯刀の役割となった。

むろん、藩政をみるにあたっては、藩財政の健全化もはからなければならない。帯刀は梅の栽培奨励を働きかけ、税の免除による優遇策を講じて、梅の栽培を推しすすめた。

以来、梅は紀州の特産品となり、今日にいたっている。とりわけ南高梅《なんこうばい》の梅干しは絶品である。

蛇足ながら、帯刀が家康を感動させた武士道は、徳川初期において改良の余地を生じてしまう。

帯刀のような考え方では、戦国乱世の思潮、〝下剋上《げこくじょう》〟を根こそぎ遮断できないことに、幕府の為政者《いせいしゃ》は気がついたのである。主君＝大名が二心《にしん》を懐《いだ》き、天下＝幕府を相手に謀叛を企てたおり、大名家の家臣がそれに従って挙兵したなら大変なことになる。

とはいえ、主君が悪者であれば遠慮なく殺せ、それこそが正義だ、と明言すれば、それはそれで下剋上の、武力革命の思想につながってしまう。

徳川幕府としては、叛逆《はんぎゃく》そのものが起こらないような、世の中の仕組みが欲しかったのである。

では、どうすればよいか。この難問に挑み、見事に一つの解答を示したのが保科正之《ほしなまさゆき》であった。

徳川二代将軍・秀忠の第三子として生まれ、一度は、信州高遠城主《たかとおじょうしゅ》（三万石）の保科正光の養子となったが、その後、異母兄になる三代将軍の家光と晴れて兄弟の対面を行い、寛永十三年（一六三六）には山形二十万石の大封《たいほう》を与えられた。このとき、正之は二十六歳。

七年ののち、会津若松に転封となって二十三万石を拝領し、ほかにも、南山地方と呼ばれた南会津五万石の天領も預けられ、実質二十八万石の太守《たいしゅ》となった。三十三歳の親藩筆頭が誕生したのは、このときである。

なお、この石高は御三家に配慮したものであった。家康の十一男・頼房《よりふさ》が祖となる水戸徳川家は二十八万石であり、これを正之は超えないよう、幕閣が苦心したと伝えられている。

保科正之流武士道

それにしても、家光の正之によせる信頼は深く、慶安《けいあん》四年（一六五一）には、自らの死にあたって家綱（四代将軍）と幕政の後事《こうじ》を託され、見事にこれを補佐。寛文十二年（一六七二）、六十二歳でこの世を去るまで、徳川創業期の武断政治を守成《しゅせい》期に適した文治政治に転換させ、以後、二百年の泰平の方向を定めた。

その根本をなしたのが、新しい武士道――いうところの〝寛文の治〟を事実上采配した、正之による守成の時代の、泰平の世の徳川幕府にふさわしい統治理念であった。

――どのようなものであったのか。

繰り返すが、「君、君たらずとも、臣、臣たらざるべからず」＝武士道はゆるがせにはできない。

正之はこの前提を受けて、天下泰平の世の臣道《しんどう》を確立した。

京都所司代《しょしだい》として、幕府内に絶大な力を持ち、席次も老中の上位におかれていた板倉周防守《すおうのかみ》重宗《しげむね》が、泰平の世を恒久につづける策として、

「もし、主君において大公儀（幕府）に二心を懐くような者があれば、家老たるものその首を速やかに刎《は》ねてさしだしてしかるべし」

と唱えたことがあった。

この論法は、安藤帯刀に起請文を迫った土井利勝の方向性と同じである。

このときであった。正之は、目も醒《さ》めるような武士道を口にする。当人の言葉を借りると、次のようになる。


いかに主人の命なりとて、人臣として、主人の首を斬るということあるべからず。わが子孫に至り、天道に尽《つ》きはて、万一不臣の志ありとも、家老はじめ家中の諸士、この訓（先述の家訓）の旨を守り、一味同心せざる時は、独《ひと》り逆心はなるべからず。人臣の大義、かくのごとくなるべし。


つまり、主君が二心を懐いて謀叛を計画したとしても、従う家臣がいなければ、結局は一人では何もできない、と正之はいう。諫言して受け入れられなければ、何もしなければよい。何もしないことがとりもなおさず、主君の二心・無道《むどう》を思いとどまらせることになるというのである。

正之は、先にふれた家康の信任厚い安藤帯刀の言葉についても論評していた。

「直次（帯刀）が申す所、忠臣にはあれども、御馬前に討死仕《つかまつ》るべきとのお請けは、義理の違いたる筋之《これ》あり。至極残念なることなり」

それでは、どうすればいいというのか。正之流武士道はいう。

幾重にも御諫言申し上げ、御承引之《これ》なくば、御前にて腹を致し相果《あいは》つるとも、不義の御軍には従い奉《たてまつ》るまじき旨、御答え申さんには、道理分明に之《これ》あり。批判もあるまじきなり。是《こ》れ、学問なきにつき、義理の間違い之《これ》あり、至極残念なり。

正之の説く武士道は、「一死以《もっ》て忠誠を貫く」という本質をゆがめるものではない。その忠のあり方、死のあり方が、それまでの武士道とは異なっていた。

主君の逆心については、きつく諫止《かんし》するが、それでなお聞き届けられぬときには、非は非としてあくまで諫止をつづけ、最後まで逆心《ぎゃくしん》に与《くみ》しない。善悪を超えて是非を論じず、主情の道義に殉じて死を賭《と》したこれまでの武士道を改め、正之は、最後の最後まで無道に参画することなく、思いとどまらせるために、臣自ら死ねという。

いかに才覚ある主君であっても、家臣のことごとくに不参加を表明されては何もできない。

なるほど、保科正之はこの考え方を、寛永年間（一六二四〜一六四四）にほぼまとめあげていた。

この時代、大名家ではお家騒動が絶えず、一方では牢人の急増が社会不安を醸成《じょうせい》し、天草《あまくさ》・島原《しまばら》の乱も勃発《ぼっぱつ》。幕府体制は強化されつつあったとはいえ、世情はいつになく混沌《こんとん》としていた。

それだけにこの時期、少しずつ形成されようとしていた**新武士道＝寛永武士道**は、多くの為政者に歓迎されたといえる。

今日ならばさしずめ、経営者への静かなる抵抗、ストライキといえようか。

二つの雄藩のトップをつとめた反骨の士――加賀藩・本多政重《ほんだまさしげ》

反骨の前歴

幕藩体制の時代、初期とはいえ、二つの雄藩の、ともに家臣のトップ＝筆頭家老をつとめた人物がいた。**本多政重**《ほんだまさしげ》である。現代でいえば、主力系列会社の、筆頭専務を渡り歩いたことになろうか。

『本多家譜《ほんだかふ》』ほかに拠れば、政重は天正《てんしょう》八年（一五八〇）、徳川家康の謀臣として知られる、**本多正信**《まさのぶ》の次男として生まれていた。兄は家康側近として、一時は権勢並ぶ者なし、と言われながら、宇都宮の釣天井に伝説を残しつつ、失脚した**本多正純**《まさずみ》である。

政重は多分に、家康に抗いつづけた叛臣で、帰り新参の父・正信に似ていたのだろう。

十二歳で徳川家の家臣・倉橋長右衛門《くらはしちょうえもん》の養子となり、長五郎と称して、家康に一度は仕えたものの、慶長二年（一五九七）、徳川秀忠《ひでただ》の乳母の子・岡部荘八《おかべそうはち》を相手に刃傷沙汰《にんじょうざた》を起こして、徳川家を出奔している。

世は戦国乱世――政重は戦場働きに向いていたのか、「正木左兵衛《まさきさひょうえ》」と名をかえて、大谷刑部吉継《ぎょうぶよしつぐ》に見出され、その推挙で五大老の一・宇喜多秀家《うきたひでいえ》に仕え、二万石を拝領するまでとなる。

つまり、関ヶ原の戦いでは、家康の敵方として戦場にいたわけだ。しかも、その手腕は名将の誉れ高い明石掃部全登《あかしかもんぜんそう》と共に、宇喜多軍の先陣を切る位置にあった。

戦後、近江堅田《かたた》に隠れ、一時、福島正則《ふくしままさのり》に召し抱えられて三万石を食《は》んだというが、この人物の流転はまさに、これからであった。慶長七年、前田利長《まえだとしなが》（利家の嫡男）に望まれて、三万石を領して前田家の家老になったかと思うと、「ぜひに――」とその人物を見込まれて、上杉景勝《かげかつ》・直江兼続《なおえかねつぐ》主従のもとへ。

――この時、上杉家は危急存亡の秋《とき》を迎えていた。

慶長五年の関ヶ原の戦いで、西軍に与《くみ》した会津の上杉家は敗軍となった。家老の一人・本庄繁長《ほんじょうしげなが》が徳川家との交渉に出向き、翌慶長六年七月一日、宰相たる直江兼続は主君の上杉景勝に従い、若松城を出立した。同月二十四日に、伏見の上杉屋敷に到着している。

このとき景勝・兼続の主従は、家康や関ヶ原を東軍として戦った諸侯が、驚愕《きょうがく》することをあっさりとやってのけた。主従は大坂城に登ると、まず主君秀頼に挨拶をし、そのあと家康からの召致《しょうち》に赴《おもむ》いたのである。

「さすがは上杉どの、筋目《すじめ》はたがえておられぬ」

敵として戦った諸侯の中にも、上杉家を贔屓《ひいき》する者は多かったようだ。

――戦後交渉が、開始された。

上杉家は決して徳川家に媚びず、卑屈にもならなかった。兼続はあくまで、武門の道理を述べた。

いわれなき幾人かの訴えにより、五大老筆頭の家康が攻めて来ると聞き、座して滅びるにしのびず、あくまで正々堂々と迎え撃とうとしたまでで、他意はありませぬ、と彼は申し開きをしている。なるほど、上杉家の行動には背信、欺瞞《ぎまん》はなかった。武運に恵まれず、徳川家という巨大な相手に対して、一矢も報いることができなかったのは残念だが、上杉は売られた喧嘩を買ったに過ぎない。その証左《しょうさ》が、追撃をしなかったことではないか、と兼続はいう。

八月十六日、家康の沙汰《さた》が下った。上杉家は百二十万石の領地をいったん召し上げられ、会津《あいづ》、仙道《せんどう》、庄内《しょうない》、佐渡《さど》など九十万石を没収されて、残り置賜《おきたま》、伊達《だて》、信夫《しのぶ》三郡の米沢三十万石＝もとは兼続の領地のみを、返還される沙汰となった。

景勝・兼続主従はこれを受けた。この段階で上杉家は、石高を四分の一に削られたことになる。

上杉家中では、よもや四分の一とは――との憤慨《ふんがい》、落胆の声も多かったが、

「遠国への移封はまぬがれたのだから、これで良しとせねば、のォ」

兼続は、そう言って不平・不満の家臣を説き伏せ、移封による上杉家臣団の離散を防ぐべく工夫に余念がなかった。ここまで上杉家が生き残り得たのは、忠義一途で頑強な家臣団があればこそであった。これを失っては、そもそも上杉家の武門は成り立たない。

減封により、ほかの大名家から高禄で声のかかる名将、豪傑《ごうけつ》も決して少なくなかった。その流出を防ぐには、家禄をできるだけ以前に近づける以外に、方法はない。そう考えた兼続は、これまでの家禄の、一律三分の一の減封を実行した。これには、上杉家中も感激したであろう。

主家は、四分の一に減封されたのである。どうやって差額を捻出《ねんしゅつ》したのか。

兼続は自らの家禄を削り、会津百二十万石の時代に、三十万石を拝領していた頃から、すでに実質六万石に切りつめていた。豊臣秀吉が「直江に三十万石を与えるように」と、特に注文をつけたため、表向きは三十万石ではあったが……。

今度は自らは、五千石を知行《ちぎょう》して、三十万石の筆頭家老をつとめることにしたのである。

まず、先代謙信が残した巨額の軍用資金を取り崩した。

加えて、開墾を奨励し、倹約を徹底して、漆《うるし》・青苧《あおそ》・桑・紅花など換金性にすぐれた作物の植え付けを指導。その成果は、ほどなく表れた。寛永十五年（一六三八）に実施された総検地によれば、表高《おもてだか》三十万石の米沢藩は、実高五十一万七千余石をあげていたのである。

つまり、兼続の再建努力は、上杉家の石高減を、実質二分の一減近くにまで高めたことになる。

百二十万石の家臣団＝およそ五千家族の大移動は、慶長六年八月二十日に兼続の移住計画が発表されてから、移動完了の報告のあった九月二十一日までの間に、滞《とどこお》りなくすべてが行われた。

さすが、といわねばならない。

兼続の養子から前田家の筆頭家老へ

もっとも、戦わなかったがゆえに、徳川家の上杉家に対する恐れ、懸念は残った。

もし、あの時に追撃されていれば、関ヶ原の戦いが一日で終了する事態にはならなかったであろう。

それだけに徳川家の中には、上杉氏に疑念を抱く人々も、決して少なくなかった。なろうことなら、口実を設けて、謙信以来の名家を改易《かいえき》に持っていきたい、という腹である。

こうした思惑《おもわく》に対処するのも、兼続の役目であった。

彼は米沢移住まで、何かと上杉家が世話になった、本多佐渡守《ほんださどのかみ》正信に注目する。いわずと知れた、家康側近中の側近＝謀臣である。上杉家は正信の指示で、伏見の徳川屋敷の普請《ふしん》も行っていた。

兼続はどうやら、己れの継いだ「直江」を捨てる覚悟を固めていたようだ。

ここで、正信の二男・政重を養子に迎えるという、思い切った縁組を実行に移したのであった。

自らの長女・お松の婿として、政重に名門「直江」姓を継がせたのである。

なるほど、徳川家の中枢とつながる人間を、藩の上位に迎えれば、あらぬ嫌疑を未然に防ぐことはできよう。しかしお家騒動でも起これば、内々に処置することはできなくなる。いわば諸刃《もろは》の剣《つるぎ》であった。それにしても常人では考えが及ばない、大胆不敵な行動といわねばなるまい。

なぜ、政重を選んだのか。どうやら、父・正信とは、うまくいっていなかったことが主因かもしれない。戦後、父・正信の権力が世に恐れられ、狙われるよりはむしろ誼《よしみ》を通じたい、と考えた諸侯から、高禄をもって政重召し抱えの争奪戦が行われた。

そうした多くの申し込みの中から、政重は兼続の養子縁組を自ら選択したともいう。

実はこの時、兼続には十歳になる実子＝長男・竹松（のちの平八景明《へいはちかげあき》）がいた。兼続自身、まだ四十四歳である。普通に考えれば、養子をこの段階で迎える必要はなかったに相違《そうい》ない。明らかにこの縁組は、政略的なものであったといえる。

さらに、『本多家譜』の主張によれば、兼続の娘・お松はこの結婚に際して、景勝の養女となったといい、もし政重との間に男子が出生した場合、この男子が上杉家＝藩主家を相続する予定であった、というのだ。なるほど、二人の結婚話が持ち上がった慶長九年（一六〇四）正月頃の段階では、景勝には世継ぎがいなかった。その後、幸いにして、五月に景勝の嗣子《しし》・王丸《おうまる》（のち定勝《さだかつ》）が出生している（政重の入婿はその三ヵ月後）。

政重は養父・兼続とは別に、景勝から一万石を支給され、「勝」の一字を賜わり、兼続の先代・景綱の例にならって、「大和守」を称することとなる。即日、執政の班列に加わった。

この縁組はその後、上杉家には有効に作用している。慶長十四年六月に、幕府の出した十万石の軍役命令を、上杉家は財政困難から免除されている。

ところが、ほどなくお松が病没した。兼続は政重を上杉家に繋《つな》ぎとめるため、実弟・大国実頼《おおくにさねより》の娘を自らの養女として、政重（勝吉）の後妻に娶《めあわ》せている（慶長十四年九月）。

一方、婿の政重は、兼続の実子・平八景明の妻に、と近江膳所《ぜぜ》の城主・戸田氏鉄《とだうじかね》の娘を紹介していた。この養父子は、双方の人格・性格も合い、円満であったようだが、二年後、政重は直江家を退《しりぞ》いて、江戸に戻っている。

筆者はこのとき、徳川幕府の上杉家に向けた疑惑が、ことごとく氷解《ひょうかい》したからだ、と考えた。

あるいは政重の実父・正信は、曲者《くせもの》で手を焼いていたわが子が、兼続の教導で一人前の武士となったことに、大いに満足し、感謝した結果ではなかったか、とも。

日本では道徳・倫理の規範として、神・儒・仏を一体としたような学問が、人を育てる要素＝徳目として発展した。

「儒教」ではない、「儒学」だという、こだわった言い方にもその独自性があった。

「儒《じゅ》は柔《じゅう》なり、濡《じゅ》なり」（『説文』）

という。儒学は「柔」＝おだやかな道を守ることをいい、決して目立ったいさましさを鼓舞したりはしない。「濡《うるおす》」とあるごとく、雨にぬれて大地が潤い、緑林が光り輝くように、しみじみと人々の心の襞《ひだ》に通っていく。

そうした徳目を、兼続は政重に伝えたようだ。

儒学には即効性はないが、その効果は明白であった。

慶長十七年の春、政重は再び前田家に戻り、二代藩主・利常《としつね》から禄を三万石食み、兼続の姪＝妻を米沢から呼び寄せている。三年後には、さらに二万石を加増され、計五万石の身代《しんだい》となった。

まだ、父も兄も権勢高き頃であったが、政重は前田家の筆頭家老として、家禄に見合う働きをしていた。初代藩主で、すでに越中高岡へ隠居していた利長が、地元に城を築いたことから、幕府に譴責《けんせき》される事態となった。交渉が拗《こじ》れれば、越中一国を返上しなければならなくなる。

利長もやむなし、と観念したが、このとき、駿河の大御所家康と、江戸の幕府へ七度往来し、弁明《べんめい》陳情《ちんじょう》につとめたのが政重であった。

幕府はようやくにして、怒りをおさめた。先の二万石の加増は、このときのもの。

三代藩主・利常は、政重と今一人、横山長矩《よこやまながちか》を重用したが、多くの藩ではこうした場合、派閥争いが起きるものである。しかしながら、前田家ではそれが起こらなかった。

あるとき政重が、一通の書状を長矩にみせたことがあるという。江戸の幕閣から送られたもので、内容は政重を十万石の大名に列し、幕閣の老中に任ずるとの申し出であった。

一読して驚嘆《きょうたん》する長矩の前で、政重はこの書状を火の中に投じた。そのうえで、

「それがしは、金沢を離れるつもりはありませぬ」

そう言ったというのだ。

陪臣《ばいしん》でありながら、従五位下《じゅごいのげ》安房守《あわのかみ》に叙任された政重は、正保《しょうほう》四年（一六四七）に家老の職を辞し、同年六月三日に六十八歳でこの世を去った。前田家中に重きをなした〝前田八家《はっか》〟（門閥八家《もんばつはっか》）の筆頭で、最大の禄高《ろくだか》を誇った政重の系譜は、断絶した兄の正純と異なり、明治維新まで存続した。

政重はやはり、〝名家老〟であったといえよう。

信じ合う極意

「信継《しんつ》がずんば、盟《ちか》いも益无《えきな》きなり」

そういう言葉が、『春秋左氏伝《さしでん》』にある。いくら盟《ちか》いを立てたところで、それに信義がつづいていかなければ、何の役にも立たない、という意味だ。

関ヶ原の戦いが終わって、東軍諸将への恩賞、西軍諸将への処罰を行いながら、家康は懸命に一つのことを考えていた。

「なぜ人は、こうもたやすく、裏切りを成すのか」

今回の決戦で徳川家についた豊臣恩顧の大名は、次の戦《いくさ》では、徳川家を見限るかもしれず、身内の中にこれから先、裏切り者が出ないとも限らなかった。

かつて家康は、秀吉の巧妙な誘いで、徳川家のナンバー3ともいうべき、石川数正《かずまさ》に出奔された、苦い過去をもっていた。そのために、それまで徳川家で使用していた軍法のことごとくを、武田家の甲州流に切り替えねばならなかったことも、決して忘れられない。

ちょうど、上杉家の処置が決した頃のことである。

降るほどに仕官の口があるにもかかわらず、武辺者《ぶへんもの》で名高い**前田慶次郎**《けいじろう》が、上杉家を選んだことが伝えられた。ほかの大名家から何万石との値《あたい》をつけられながら、上杉家ではたかだか五百石か千石にすぎないというのに、あの男はなぜ、数ある大名家の中で、あえて上杉家を選んだのか。

その理由を問われた慶次郎は、次のように答えたという。

「関ヶ原の敗戦後、西軍の諸将が争って人質を徳川どののもとへ送り、降参を請い、ことごとく下風に立ったおり、敗戦と聞いても屈せず、抗戦の意思をなおも継続し、和を待ちてしかるのちに兵を収めたるものは、ひとり上杉中納言（景勝）のみであった。わが主人となすべき人は、この人を措《お》いてない」

家康は慶次郎の言を、本多政重からその父・正信経由で聞いていたはずだ。

また、**水原常陸介親憲**《すいばらひたちのすけちかのり》という、兵略に通じ勇武《ゆうぶ》の名のある武将が上杉家にいた。会津上杉家の頃は、猪苗代の城主をつとめ、〝奥州版関ヶ原〟でも最上義光、伊達政宗を相手に度々、軍勢を破り、親憲は政宗を生け捕りにしかけたこともあった。

大坂冬の陣においても親憲は、侍大将として抜群の活躍をした。そして家康から感状を賜わったのだが、彼は一読してこれをさっさと納めてしまう。

かたわらにいた本多正信が不審に思い、人をやって尋ねさせると、親憲は次のように答えた。

「不識公《ふしきこう》（上杉謙信）に従って攻城野戦し、死生の間に出入せしこと多年、それに比べればこの度の戦など、日々の食事をするようなもの」

感状をもらうほどの働きはしていない、というのであった。のち、彼は「杉原」と改姓している。

逆に上杉家の家臣・安田上総介順易《かずさのすけのりやす》は、大坂の陣で活躍したわりには、家康からの感状から漏れてしまった。さぞ、武辺者ゆえ憤《いきどお》るかと思えば、彼はさばさばという。

「感状は感状なり。武功は武功なり。われわれが生命《いのち》懸けで戦うのは、主公（景勝）のためのみである。徳川将軍家のためではない。家康公からの感状など、どうでもいいわさ」

どうすれば人は、〝信〟を抱き、〝利〟から離れられるのか。そういえば、上杉家には先代・謙信以来の智将で、世に名を馳せた**甘糟備後守景継**《あまかすびんごのかみかげつぐ》がいたことも、家康は本多父子から聞いていた。

上杉家を代表する、本庄越前守繁長《ほんじょうえちぜんのかみしげなが》と並び称せられた戦人《いくさびと》であった。

会津時代、白石城を守って五万石を食んでいた。奥州版関ヶ原において、伊達政宗を幾度も撃退したが、家康を追撃するため出陣していた留守を、政宗に突かれ、白石城を乗っ取られてしまう。以来、主君・景勝の景継に対する評価は下落した。政宗の福島城攻めで、いかに武功をあげようとも、まったく顧《かえり》みられることがなくなった。

家康は天下に轟《とどろ》いている景継の武勲を惜しみ、臣下の畠山下総守《しもうさのかみ》義貞《よしさだ》をして、この不遇の名将を二万石で徳川家に招こうとした（参謀本部編『日本戦史　関原役』）。信用してもらうために義貞は、政重の兄・正純の書状まで持参している。

景継はこれを押し頂いて読み、家康の気持ちに心から感謝しながらも、

「それがしが主人（景勝）から疎《うと》んぜられたのは、まかされた白石城を守り切れなかったのが原因であり、そのことをそれがしは、自らの過《あやま》ちとしております。このことで、主人を恨んだことはありませぬ」

自分は、謙信―景勝の二代に仕えて参りました。そう言いながら、彼は次のように述べた。

「――其《そ》の一旦《いったん》、疎外《そがい》に遭《あ》ふも、節《せつ》を二にして可《か》ならんや」

武士たるものは、一度、主人にうとんじられ、遠ざけられたからといって、節操を曲げたり、主人を変えるものではない――涙声で景継は、徳川家へのありがたい出仕を断り、その後も上杉家の中で冷遇され、無言のままにこの世を去った。その子は家禄も与えられず、津軽に流浪して没したとも伝えられている。人間の上下関係の機微は、至難というほかはなかった。

非常の才――熊本藩・細川重賢《ほそかわしげかた》と三人の〝名家老〟たち

〝仮養子〟重賢

享保《きょうほう》五年（一七二〇）十二月二十六日、のちに肥後（現・熊本県）熊本藩六代藩主となる**細川重《ほそかわしげ》賢《かた》**は、四代藩主・宣紀《のぶのり》の第五子として生まれた。

長子から第三子までは夭折《ようせつ》しており、第四子が五代藩主・宗孝《むねたか》であったゆえ、次男と見なせようか。

後年、紀州（現・和歌山県全域と三重県の一部）九代藩主の徳川治貞《はるさだ》とともに、世上、〝二幅の宝物〟と謳われ、藩政改革を最も早い時期に成功へと導き、出羽（現・秋田県および山形県）米沢藩主・上杉治憲《うえすぎはるのり》（号して鷹山《ようざん》）もその名君ぶりを敬恭したほどの人物だが、当人はきまって、

「なんの名君であるものか、今程《いまほど》の事はすべて十右衛門のおかげよ」

と、笑いながら否定したという。

これは穿《うが》った見方かもしれないが、もし、重賢が正統な長子相続で細川家を継いでいたならば、のちには徹底した藩政改革などは、できなかったのではあるまいか。

兄・宗孝の養子とはいえ、兄に実子が生まれれば、その身分は一変する。藩主家の厄介者《やっかいもの》とならぬ

藩主・細川重賢

よう、当然のことのように、重賢は他家への養子入りも念頭に置いていた。

先方（大名家、旗本、場合によっては熊本藩の上級家臣の家）から求められる養子像は、品行方正、人柄の良さであり、文武両道に対する造詣の深さといったものであったろう。

幼時から重賢は、教育掛《かかり》となった家臣・愛甲《あいこう》十右衛門景甫《かげとし》により、文武両道を厳格に指導された。教え込まれた文武の修業、その努力が、のちの重賢自身に、否、肥後熊本藩の〝名家老〟たちに、大いに幸いしたともいえなくはない。

いうまでもないことだが、治世の要《かなめ》は〝信〟と〝義〟を根本とすべきであろう。細川家始祖・藤孝《ふじたか》（幽斎《ゆうさい》）も、子孫に残した教誡でこのことを繰り返し語っていた。

ところが、重賢の登場する以前から、細川家ではそれが有名無実化していたようだ。藩の財政赤字が藩士の心を荒廃させ、領民、藩内外の富商・豪農の信用を失っていた。

そんな中、延享四年（一七四七）に、人違いによる殺人事件で宗孝が急死。重賢は思いもかけず襲封し、その翌年夏、彼は藩主として初のお国入りを果たす。

だが、城の門前に整列して出迎えた重臣たちからは、藩主に横滑りした〝仮養子〟への蔑み、嫉む気持ちが、その態度にあからさまにみてとれた。

重賢は、そうした彼らの増長を許さず、藩主の意志を伝えるべく、同年十二月、五ヵ条からなる訓諭書を、自ら草《そう》して重臣たちに示した。

が、藩内からはなんの反応も生じない。

「このままでは、何も変わらぬではないか――」

重賢は開始そうそう、行き詰まってしまった。

こうしたおりもおり、蔵元として細川家の財政を曲がりなりにも支えてきた、大坂一の豪商・鴻池《こうのいけ》家が、〝蔵元辞退〟を申し出てきた。蔵元がなければ、米は換金できない。肥後熊本藩五十四万石の命運も、ここにきて尽きたかに思われた。

「もはや、猶予はならぬ」

重賢は弾かれたように、動き出した。宝暦元年（一七五一）のことである。

藩政改革の根幹は、信用の回復のほかにない。歴史学風にいえば、家中・領民への支配倫理の確立である。重賢はこれを、文教政策と刑法革新に求めた。これらと並行して、はじめて財政再建も可能となる、と考えたようだ。

ところで、実行にあたっての、全権を委譲するに足る人材、この難事にあたり得る人物がなかなか求め難かった。

「不慮に大国を領有したが、今更《いまさら》ながら治定の見込みがない、我等《われら》（私）ごとき気（精神力）薄き上、病身なれば、政道の事は到底、困難である」

珍しく、重賢が愚痴った。

このとき、この言を聞き咎《とが》めた者がいた。お側御取次役の**竹原勘十郎玄路**《たけはらかんじゅうろうはるみち》である。

「それは、いかなる思召しでござりましょうか。かりに殿がご気薄で、ご病身であられようとも、ご自身でお働きになることはなく、人を選んで、その者に委任なされたならば、何事も成らぬことはありますまい。それを今さら……、これでは今まで頼み奉った甲斐もなく、浅ましき御心ではありませぬか」

竹原は落涙した。諱を惟親《これちか》、遠祖は阿蘇氏の分流で、市蔵惟成《いちぞうこれなり》の代に、初代の藤孝に仕え、歌道・書道・礼法・弓馬術、さらには包丁の妙技にまで代々が通じ、所領は二百石。六代くだって竹原勘十郎となった。

彼は重賢と同年の生まれであったが、記録によると、自信過剰で、相当な型破りの人物であったようだ。しかし用人《ようにん》としては、書簡一通にも綿密を旨とし、机に向かって熟慮する精勤ぶりを発揮した。

非常の才を用いる

——話を、重賢の愚痴に戻そう。

竹原はしばし涙するが、やがて顔をあげ、重賢を見据えて、

「この者ならば、必ずや終始不変、成功するでございましょう」

と、同じ用人の**堀平太左衛門**《ほりへいたざえもん》の名を推挙した。

竹原が〝人魂《じっこん》〟に交わってきた堀という人物も、性癖は推して知るべし。毀誉褒貶《きよほうへん》の多い人であった。重賢はそれを案じたのだが、実はここが、人材登用の重大な岐路であった。

順風満帆の組織が必要とするのは、〝和〟を重視し、用件を的確に処理していく才能をもつ者。だが、浮沈興亡の淵にあるときは、そうではない。必要とされるのは荒療治であり、たとえていえば、大破して沈みつつある船にあって、まずは船内に浸入した水を取り除き、流入を堰止《せきと》め、乗員を救助することにある。非常時の場合の人材は、いわば一般的尺度では計ることができまい。

中国宋代の文人・謝枋得《しゃほうとく》が編纂した名文集『文章軌範《ぶんしょうきはん》』に、「非常の人あり、然《しか》る後《のち》、非常の事あり。非常の事あり、然る後、非常の功あり」とあった。非凡な人が出て、はじめて常人の思いもおよばないことができ、そうした非常のことがあって、はじめて非常の功績も挙がるものだというのだ。

要は、〝非常の才〟を用いるか否か。重賢は己れの人材登用について、コメントを残していた。

「吾が好《このみ》を定めて人才を求むるならば、天下道に吾が望《のぞみ》に適《かな》ふ人はあるまい。一見して俗に異なり、凡庸なるが如きもの却《かえっ》て天才がある故に、俗眼にてはこれを識別する事は出来ぬ、余は誠に善良なる人をば、天に誓ひて捨てまいと思ふ」

宝暦二年（一七五二）、堀は「大奉行」に抜擢され、藩政全般を託された。ときに重賢三十三歳、堀は三十七歳であった。

「第一気魂厚くして智慮深く、才気《さいき》賢《かしこ》く且膽力有《かつたんりょくこれあり》レ之、全備致《いた》されたる大才にて有レ之候《そうろう》」

こうした評価もある堀が、いよいよ藩政改革の元締に抜擢された。いかに堀が〝大才〟であろうとも、実務万端を掌握はできない。手足となるべき人材が、別に求められた。

ここに、またひとり、〝非常の人〟が登場する。名君重賢をして、

「浮雲《あぶ》なき事、惜《おし》き男を誤り退《しりぞけ》て、損せんとし」

といわしめ、重賢ほどの人物が危うく捨てかけたほどに、わかりにくい人物でもあった。名を**蒲池《かまち》喜《き》左《ざ》衛《え》門《もん》正《まさ》定《さだ》**という。

「性遅重《せいどんちょう》にして、利発なることなし」

と藩の記録にもあるから、かなりのものだろう。

しかも蒲池は、どこかが抜けている半面、なぜか妙に開き直ったところがあった。活発さに欠け、傍《かたわ》らでみているかぎり、犬牽《いぬひき》（犬の散歩係）も清掃も、満足にできそうになかったという。重賢は三年、それでも我慢しつつそばにおいてみたが、ついに匙《さじ》を投げた。

が、幾年かのちのある日、重賢はこの蒲池に、人をみる目のなかった己れの不甲斐なさを、心底、思い知らされることとなる。

その日、重賢は別邸・成趣園《じょうじゅえん》に出かけていたが、帰途、にわか雨に遭遇した。そこで先駆けを走らせ、帰城は田際門を通る旨を通告させた。この門は普段は使っていなかったが、このおりには、帰路、一番近い門であった。

このとき、田際門の警固に当たっていたのが、蒲池である。先駆けの要求に対して、

「先例に従い、欅門《けやきもん》から入り給うがよい」

と、けんもほろろに開門を拒絶した。

やがて重賢がずぶぬれの姿でやってくるが、蒲池は拒絶を通した。しかも、声高らかにいう。

「殿のお体は紙ではあるまい。たとえ雨にぬれ給うたとて、差し支えはない。どうしてそれほどのことで、安易に先例を変ずることができようか、人の上に立つお方が、反復常なく然様《さよう》に事を改めるのは宜《よろ》しくない。喜左衛門、誓ってこの門は開けませぬ」

その瞬間、重賢がどんな感情をもち、どういう心もちであったか、記録は沈黙している。

重賢は名君であったがゆえに、寛容な面のみが強調されがちだが、このときばかりは逆上し、眉を逆立て、顔色は変じていたのではなかろうか。

だが、その後が凡夫とは異なっていた。その夜、平常心に戻ると、彼は己れにむかって、

「危うかった、危うかった」

と繰り返した。

ここが、肝要である。「公」の前に、「私」を用いてはならない。個人的な怒りを捨て去ると、蒲池は藩にとって得難い人材といえる。重賢は、そのことを喜び、宝暦四年十一月、この蒲池を堀配下の奉行に抜擢した。

蒲池の奉行としての出来映えは、いかがであったろうか。『肥後物語《ひごものがたり》』は、次のように記している。

　奉行職を務《つと》めし後も、日々政事少し六ケ敷《むつかしき》事は、決して即座に捌《さば》かず。宿元に帰り思案工夫を尽し、篤《とく》と落着を付け、翌日、出勤の上申《もう》さるに、必定奇計良策にて執政より以下の役人同意信服せずということなし。右につき奉行六人の中にても別《わけ》て秀でたる名誉ありて、諸大夫も憚《はばか》る人物なり。

民心を変えた財政再建

蒲池は二十四年もの間、奉行職にあって堀平太左衛門を補佐しつづけた。わけても、宝暦の大改革にあたっては、昼夜の別なく懸案の処理に没頭。枕に就いても、安眠できる夜はなかったという。

歴史を紐解いてみると、泰平よりも動乱の時代に、より優れた人材が輩出しているように見える。これは危機に直面し、従来の価値観で事物が捌《さば》けなくなったときに、真に実力ある者が、ようやく注目されることを、物語っていた。

重賢に抜擢された堀は、行政機構の改革を推進し、官紀粛正を促進するために、さらなる人材の登用を行った。藩庁は新しい人材を得て、確実に変貌を遂げていく。

藩政改革推進の機構が整い、秩序を回復し、風紀の一新を実現した重賢は、次には地方行政に歩調を合わせ、より安定した収入確保を念頭に、藩内特産物の奨励をすすめた。

肥後熊本には、初代藩主・忠利《ただとし》が入封したおりにはじめた、櫨《はぜ》栽培があったが、重賢は寛延《かんえん》二年（一七四九）、城内に櫨方役所を新設。一部特権商人に、その売買を請け負わせた。

やがて藩内の櫨は、年間生産高五百万斤（三千トン）に達し、商品作物の基幹産業となっている。

残された懸案事項は、藩政の基盤である領内税収を安定させるため、年貢の算定を実際の収穫――「検見法《けみほう》」から固定した「定免制《じょうめんせい》」に改めることであった。ただし、打ちつづく天候不順、また人心の離反を懸念し、重賢の存命中にはついに導入はされなかった。

実施されたのは、享和《きょうわ》三年（一八〇三）。堀の後継者ともいわれた島田嘉津次《かつじ》によるものだった。

歴史的には、これをもって宝暦の改革は完結したとみなされている。

重賢は江戸参勤中の天明《てんめい》五年（一七八五）秋、藩邸で病に倒れ、十月二十六日、世を去った。享年六十六。

財政破綻にあえぐ幕府や諸藩を尻目に、みごと改革を軌道に乗せたばかりか、一応の成果を己れの目でみた重賢は、苦しみながらも充実した意義ある生涯を終えている。

重賢が亡くなる三年前の、天明二年のこと。この年、全国的な飢饉が肥後にも及び、税収は予定を大幅に下回った。これをカバーすべく、かつて実施していた家臣の俸禄減額を、この年にかぎり一時実施することとなった。最終決裁を仰ぐため掛りの者が重賢の許を訪れたが、彼は認めない。

だが、飢饉の被害は甚大であり、領民は飢えに苦しんでいた。藩士たちは主君の言に感激し、それならば、と「冥加金《みょうがきん》」の名目で自発的に自分たちの食禄の献納を願い出た。

それでも、重賢は認めようとしなかった。藩士たちはなおも協議し、各々が家禄の米穀を出し合ってこれを煮て、窮民に施す策に出たのである。他国では餓死者が相次ぎ、群盗すらはびこる中で、肥後の領民の多くが生命《いのち》を救われ、領民は荒れた田畑の復旧に精出すことができた。

荒《すさ》み、ささくれていた肥後熊本の人心が、見事に和んでいた。重賢は人知れず、藩士や領民に手を合わせたという。

第二章
財政再建の秘策

強権をふるって藩政改革を成功させた立役者——土佐藩・野中兼山《のなかけんざん》

艱難辛苦《かんなんしんく》の前半生

土佐の戦国大名・長宗我部元親《ちょうそかべもとちか》の後継者=二代目の盛親《もりちか》は、関ヶ原の戦いで西軍に荷担、領地を没収され、その後、大坂の陣で大坂方について参戦したものの、戦後、捕まって京都・六条河原で首を刎《は》ねられた。長宗我部氏の本流は、ここに絶える。慶長二十年（一六一五）五月十五日のことであった。

長宗我部氏にかわって、土佐一国（二十万石）に入封したのが、それまで遠州掛川（現・静岡県掛川市）の城主であった**山内一豊《やまうちかずとよ》**であった。

慶長五年、土佐一国の主《あるじ》に抜擢《ばってき》された初代藩主・一豊は、もと長宗我部家の家臣である一領具足《いちりょうぐそく》（一、三町の田をもつ在郷の給人）の中に、己れの融和策を受け入れない者があるとみるや、桂浜《かつらはま》での相撲にかこつけて、反抗分子七十三名を捕らえ、磔《はりつけ》にし、あわせてとかくの噂のある者も同様に捕縛しては処刑した。

こうした強硬な姿勢は、その後も両者の厳しい対立をひきおこしたが、山内家ではその一方で、有

野中兼山

能な長宗我部の旧臣を地方行政の末端に組み込み、登用する道も開いたため、二代藩主・忠義《ただよし》（一豊の弟・康豊の長子）の代になると、おおむね表立った不平・反発は終熄《しゅうそく》をみる。

――この藩主・忠義は、後世の土佐人のイメージを、独力で創ったのではないか、と想わせる人物でもあった。

風貌がいい。六尺豊かな大男で、立派な鎌髯《かまひげ》をたくわえ、みるからに豪傑《ごうけつ》の風があった。

行いも、風貌に合致していた。政治の業績もあげたが、本人はむしろ趣味と遊楽に生きた殿様であった。なにより、酒と相撲に目がない。深酒は日常茶飯事で、京の二条城に招かれ、饗宴に列するや、帰りの駕籠《かご》の上にまたがり、酔って諸肌脱いで京の町を往来したという。しかもこれ、夏とはいえ白昼の出来事であった。

江戸城でも祝宴に参列し、さんざんの深酒をした挙句に泥酔状態となり、千鳥足《ちどりあし》でつい転んでしまい、その拍子《ひょうし》に嘔吐《おうと》したことがあった。かたわらに、小姓の江田文四郎《えだぶんしろう》がいたが、この人もへべれけになっていた。

忠義が己れの後始末を命じると、文四郎は酔った顔を主君へむけ、

「腹より出たるものは、腹へ戻し候べし」

失礼つかまつる、と言って忠義がはき出したものを己れの口ですい込んでしまった。主人も主人なら、家臣も家臣である。

大食・大酒といえば土佐＝高知人のイメージとつながるのは、もし

かしたら、藩主・忠義主従の所為《せい》かもしれない。

土佐人がところかまわず相撲を取りたがるのも、忠義の代に生まれた風習であった。

この藩主は、この者は相撲が上手だ、踊りがたくみだ、というただそれだけの理由で、氏素姓を問わずに藩士の新規召し抱えをやってのけた。集めたのは、一芸に秀でた人間ばかりではない。鳥類も鷹から小鳥に及ぶまで、珍鳥を珍重しつづけ、亡くなったおりには、金にあかせて集めた鳥が千二百羽を超えていたという。

この時代に傾《かぶ》く藩主・忠義が、それでいて一方で名君と世間に信じられたのは、ことごとく藩政を指揮した、執政・**野中兼山**《のなかけんざん》の手腕に負っていた。

通称を伝右衛門、諱《いみな》を良継と称した兼山は、実に複雑で厳しい幼少期をおくっていた。

野中家はもとは美濃（現・岐阜県南部）の土豪であり、兼山の祖父・良平《よしひら》が山内一豊に仕え、その妹・合姫《ごうひめ》を妻として兼山の父・良明を生んだ。良平が病没し、合姫はその弟・益継《ますつぐ》と再婚して一子・直継《なおつぐ》を生む。のちに、この直継の家を兼山は継ぐのだが、それまでの人生が多難の連続であった。

父の良明は一豊の土佐入国にともない、五千石を与えられ、執政（奉行職）をつとめる重臣となる。

血統、能力ともに申し分はない。

「いずれは、幡多《はた》郡中村（現・高知県四万十《しまんと》市）で二万九千石をその方へ……」

一豊は約束したものの、慶長十年に他界。後継者の忠義は、この約定《やくじょう》を知っていながら実行せず、のみならず一万一千石に値切った。そのため良明は、違約を怒って土佐を去る。

良明の妻は、播磨《はりま》（現・兵庫県南西部）姫路城主・池田利隆《としたか》の家老をつとめる、荒尾但馬《あらおたじま》の娘であった。姫路に赴いた良明は藩主・利隆に気に入られ、一万石を与えられそうになるが、土佐藩への義理を考え、良明はこの申し出をことわり京へ出た。夫人もそのあとを追ってきて、池田家からの合力《ごうりき》（援助）二百石をもらい、良明は悠々自適の生活を送っていたようだ。

ほどなく夫人が亡くなり、良明は後妻に大坂天満の商家の出であった秋田萬《あきたまん》を迎えた。これが慶長十四年のことであり、二人の間に兼山が生まれたのは元和元年（一六一五）のことである。

ところが、後援者の池田利隆は翌元和二年に亡くなり、良明もその二年後に他界したため、兼山と母は急転直下、貧苦の生活を強いられることになる。

上方のいたるところを母子で放浪し、のちに堺へたどりついたところを土佐藩参政（仕置役《しおきやく》）の小《お》倉少助《ぐらしょうすけ》に見出され、二人は土佐へ渡った。このとき、兼山は十三歳。

兼山にとっては分家（五千七百石）にあたる、野中直継の養子となり、寛永八年（一六三一）には十七歳で養父・直継とともに奉行職に任ぜられ、藩政にかかわることになった。

ちなみに、土佐藩では奉行職は家老から任命され、仕置役は中老、大監察（大目付）以下の諸奉行は馬廻《うままわり》役の家格から任ぜられることが慣例化していた。

三十二年に及ぶ藩政改革

兼山は父ゆずりの禅学を修め、南学《なんがく》（土佐で興り発達した日本の朱子学の一派）の研鑽《けんさん》につとめ、土佐藩の抜本的な改革に、やがて着手することとなる。とりわけ新田開発、土木工事、郷士《ごうし》の取り立て、村役人制度の強化、産業振興と藩専売制の実施にその手腕を発揮した。

これまでくすぶってきた一領具足の不満を解消し、国内治安を守るため、開発した新田を「領知」という名目で郷士に与え、待遇を「士格」に準ずるものとし、あるいは村役人や庄屋となして、地方《じかた》支配の強化をはかった。また、兼山は茶・漆《うるし》・油草《あぶらぐさ》（灯火用の野草）を藩の専売品に指定。一部の問屋商人に特権を与え、藩営商業の強化をもはかった。

が、この政策は反面、一般の商人を著しく圧迫、その活動を制限してしまうこととなる。

――少し、土佐の郷士について、整理しておきたい。

読者の中には、長宗我部家の旧臣が、野《や》に下《くだ》って郷士になった、と思い込んでいる方も多いようだが、かならずしも長宗我部家旧臣＝郷士とはいえなかった。

野中兼山の登場により、正保元年（一六四四）に百人の郷士が登用されたことがある。香我美《かがみ》郡野市《のいち》村（現・香南市香我美町）の開発にあたらせるためで、三年で三町歩《ちょうぶ》（三十石）以上を拓くのが条件であった。このおり登用された郷士は、長宗我部遺臣の中から家柄、人物を厳選した。「百人衆郷士《ひゃくにんしゅうごうし》」と後世、呼ばれるのがこの人たちである。

しかし、それ以前にも慶長年間（一五九六～一六一五）に、長宗我部氏の旧臣を懐柔《かいじゅう》する方策として、郷士取り立てが行われていた。こちらは、「慶長郷士」という。

彼ら郷士は、慶安《けいあん》二年（一六四九）になると、初代藩主の一豊が長浜《ながはま》在城時代の天正《てんしょう》十四年（一五八六）以来つづいている、山内家の年頭行事「御馭初式《おのりぞめしき》」（毎年正月十一日に行われる）にも、郷士としての参列が許されるようになった。城の西北、若宮八幡の馬場での閲兵式《えっぺいしき》のことである。これにより郷士は、在郷《ざいごう》の予備兵力として、藩に組み込まれたことが知れる。

その後も郷士は新田開発に投入され、承応《じょうおう》二年（一六五三）には「百人衆並郷士」が誕生した。ただし、このときは長宗我部家の家臣でなくとも、他国の牢人であっても、由緒正しい出自であれば採用されている。

兼山は武士らしく、国土防衛の構想をもち、郷士をその要員に積極的に加えた。郷士の中で藩の下級役職に召し出された者を、「郷士用人」と称したのも同じ考え方からであった。

ここでややこしいのは、新田開発を請け負いつつも、目的を達成できない者がでたことだ。貧困や病気を理由に借金し、返済できずに郷士身分や「領知《りょうち》」を売却する者もあり、郷士を他の者に譲った者を「地下《じげ》浪人」といい、取得した者を「譲受《ゆずりうけ》郷士」（買受《かいうけ》郷士）と呼ぶようになる。

兼山は藩主・忠義を補佐しつつ、独裁に近い力を発揮し、藩政を壟断《ろうだん》した。

藩主の座はいつしか三代の**忠豊**《ただとよ》にかわり、領民は強引な兼山の独裁にほとほと疲れ、そうした状況を見とどけたうえで、藩主・忠豊のとりまきの親族、重臣がこぞって兼山弾劾に打って出た。

この頃、すでに隠居していた忠義は、七十を超えて中風《ちゅうふう》を発しており、かつて兼山の後見人をつとめた小倉少助も、その子・三省《さんせい》もすでにこの世にはなかったから、反対派にとっては絶妙のタイミングであったのだろう。ついに、兼山の辞意表明となった。

兼山の失脚が坂本龍馬を誕生させた

三十二年に及ぶ野中兼山の執政が終わり、藩主・忠豊の親政がスタートした。

兼山は隠居して三ヵ月後の寛文《かんぶん》三年（一六六三）十二月十五日、病《やまい》を得て帰らぬ人となった。自殺や暗殺の噂も出たほど、その最期《さいご》は物々しかったようだ。

これより四ヵ月前、八月一日に土佐藩では大赦令《たいしゃれい》が発布されている。

「兼山の政治を改変する――」

との宣言であり、参政（仕置役）以下諸奉行ことごとくが改選された。

藩が厳しい統制を敷いてきた藩営の商い＝問屋や茶・紙・漆の専売制は、ここに廃止された。藩札の発行も停止。加えて、これまで禁止されてきた酒・踊り・相撲なども許可されるようになり、運上銀も酒・糀《こうじ》・油などが半分に減ぜられた。

町中の夫役《ぶやく》も、

「向後《こうご》（今からのち）、過分に召仕《めしつか》はれ間敷事《まじきこと》」

と触れが出た。

兼山に押さえつけられてきた藩士や領民は、こぞって〝寛文の改替〟を支持した。

寛文九年六月、**山内豊昌**《とよまさ》が四代藩主に就任し、彼は元禄《げんろく》十三年（一七〇〇）九月にいたるまで、ちょうど三十年間座位にあった。江戸・上方ではちょうど、元禄文化の花開いていた同じ時期にあたる。

「奢《おご》りの君にて万事、結構を好み、この御代より古風一変せり」（谷真潮《たにましお》・著『流澤遺事《りゅうたくいじ》』）

軽薄な世相を反映して、藩主・豊昌も時代に染まった。彼は能と食道楽にうつつを抜かし始める。側近に、兼山のような人物がいなかったのもいけなかった。

兼山の時代、再建の成った藩庫は、ついにカラとなってしまう。

遊興費がないわ、と困惑する豊昌に、側近の者は知恵をつける。

「おそれながら、わが国（土佐）の特産、材木を売ればよろしいではございませぬか」

調べればなるほど、莫大な資源が領内に眠っていることが知れる。

藩主豊昌は、江戸で仙台藩伊達家（六十二万石）に対して、

「わが藩は二十万石なれど、山林を加えれば貴家に引けはとりもうさぬ」

と自慢した。

もちろん、実際に木を切り倒しては叩《たた》き売り、その収入を能につぎ込んだ。山内家の能衣装は煌《きら》びやかさでは十五代随一といわれた、五代将軍・徳川綱吉《つなよし》をもしのぐ、とまでいわれたほどだ。

その一方で、土佐の良材は年々切られて、ついに山林は切り尽くされ、遊興費にまわった分だけ、藩政の費用は不足した。目を覆うありさまへと、転落していく。

「国の衰微《すいび》に至れり」（馬詰親音《うまづめもとね》・著『南洋筆剰《なんようひつじょう》』）。

しかし、藩主豊昌には、一向に反省がない。側近も諫言《かんげん》をせず、ただ放心したように沈みゆく藩財政をぼんやりとながめていた。藩主豊昌の生活ぶりは、無論この人の性癖にも多分によったであろうが、元禄の世相――〝金遣い経済〟の浸透が、大きかったことは間違いあるまい。戦国時代まで上方

から隔離されていた土佐にまで、間隙《かんげき》を縫うようにして消費・商業経済は入り込んで来た。参勤交代で江戸と国許を往復するのだから、情報・物資の侵入を食い止めることはかなわなくなっていた。

もし、執政・野中兼山の失脚がなく、その反動としての〝寛文の改替〟がなかったとしても、全国的な商品流通、商業経済の大波は、避けようがなかったであろうが、兼山の政策を継続していたならば、土佐藩の被《こうむ》った傷はもう少し浅くすんだはずだ。

元禄の消費経済に現《うつつ》をぬかす一方で、二進も三進もいかなくなった土佐藩は、慌《あわ》てて酒やたばこの禁止を触れ出し、引き締めに転じて躍起《やっき》となったが、ときすでに遅し。破綻に瀕《ひん》する藩財政に、追いうちをかけるように手伝い普請《ぶしん》、さらには天災がふり注ぐ。

一族から養子入りして五代藩主を継いだ**豊房**《とよふさ》は、荒廃《こうはい》した土佐藩を建て直すべく、自ら再建の先頭に立ち、こと天災に関しては、悲壮な覚悟で己れの所信を吐露している。

「これわれ一人の罪なり。わが政《まつりごと》正しからざるにより、天われを罰《ばっ》し玉《たま》ふなり。若《も》しわが力にて救済叶はざれば、われ一人のゆゑに幾万の生命を失はんこと、これ滔天《とうてん》の悪（天にはこびるほどの大悪）を重ぬるものなれば、潔《いさぎよ》く領国を返上し、天下の力にて救済の素願《そがん》を遂げ、断じて蒼生《そうせい》（人民）を飢ゑしめず」（『物語藩史』七「土佐藩」より）

豊房は、歴代藩主屈指の名君といってよかった。が、その責任感の強さが仇《あだ》となり、座任六年でこの世を去ることにつながってしまう。宝永《ほうえい》三年（一七〇六）、享年は三十五であった。

跡を継いだ弟の**豊隆**《とよたか》は、今度は逆に歴代一、二を争う暗愚《あんぐ》の藩主であったようだ。

政治にはまったく無関心で、愛妾《あいしょう》八人と遊興にふけり、宝永四年十月の大火災のおりには、その惨状をみかねた幕府から、参勤交代御免の奉書をうけとりながら、豊隆は江戸の生母を見舞うと理由をもうけ、藩士の知行《ちぎょう》の二十分の一ずつを献金させて、無理に江戸へ出て遊興にふけるありさま。享保《きょうほう》五年（一七二〇）四月に、豊隆が亡くなると、藩士・領民はこぞって喜んだというから、救いようのない殿さんもいたものだ。藩政の没落は、それまで藩に結びついていた古くからの特権商人、櫃屋《ひつや》・播磨屋《はりまや》・美濃屋《みのや》・根来屋《ねごろや》などが力を失い、かわって新興商人が台頭する現象も生んだ。

その代表が安芸《あき》郡和食《わじき》村（現・安芸郡芸西《げいせい》村）の農家出身、土種屋儀右衛門《つちたねやぎえもん》であり、才谷屋《さいたにや》（大浜《おおはま》）八兵衛《はちべえ》であった。彼らはそれまでの藩依存の商い＝領主的商品経済の寄生ではなく、己れの才覚で新分野を開拓、商益をふやしていった。なかでも土佐藩内で百八十一軒と定められていた酒造株を所有したことが、才谷屋の繁栄にとっては大きかったかと思わせる。

八兵衛は元禄十年五月に五十八歳で没し、そのあとを寛文九年（一六六九）生まれの八郎兵衛（正禎《まさよし》）が継ぎ、さらに身代を大きくし、一方で、享保十六年（一七三一）三月には本丁筋の年寄役を拝命。次代の八太郎につないだ。

宝永《ほうえい》二年（一七〇五）七月生まれの、八太郎の代、新しい店が相次いで開店し、呉服店も開業。鬢付油《びんつけあぶら》の製造も行えば、米の買い付けもやった。当然のように、藩士や領民に金を貸しつけることにも、彼は手を出している。

おかげで才谷屋は田地を三町四反もち、城下町周辺には山村をも所有する身代となった。この八太郎が、のちの坂本龍馬につながる一族の、〝中興の祖〟となる。八太郎は、通称を弥次右衛門、儀助と称し、先代と同じ八郎兵衛と名を変えた。

二代八郎兵衛（のちに坂本八郎兵衛直益《なおます》）は存命中、長男・兼助＝八平直海《はちへいなおみ》に郷士株を買ってやり、才谷家から分家させた。才谷屋は、次男の八次＝八郎右衛門直清《なおきよ》が継いでいる。

こうして龍馬が生まれる六十年前、その先祖は刀を二本差す身分となった。「坂本」姓が手に入ると、この一族はこれまでひそかに使用してきた「大浜」姓を不意に捨てる。

いずれにせよ、土佐藩は弥縫策を繰り返し、幕末にいたってしまった。

謹厳実直な名補佐役——松代藩・恩田木工《おんだもく》

名作『日暮硯』にみる〝創られた名家老〟恩田木工

「事実は小説より奇なり」という。

その通りである。歴史はときに、真実が創り話の突飛さを越えることがある。翻《ひるがえ》っていえば、歴史は史実に学ばなければ、いくら物語を読んでも真実はみえてこないもの。

真実の〝名家老〟を考えるとき、格好のテキストがある。

——『日暮硯《ひぐらしすずり》』と、表題されていた。

同書によれば、宝暦《ほうれき》四年（一七五四・史実では延享三年＝一七四六年）、信州松代藩十万石の家老に抜擢され、窮乏のどん底にあった藩財政の再建に乗り出し、短期日に見事な成果をあげた、**恩田木工民親**《おんだもくたみちか》の業績を綴《つづ》ったとされるもので、今日なお、歴史に学ぼうとする企業経営者の中にファンは多い。

江戸時代も中期となると、序章でふれたように、何処《いずこ》の藩も慢性的な赤字に悩まされていた。

これは幕藩体制のもつ構造的欠陥にそもそもの原因があり、藩経営をどのように采配《さいはい》しようとも、解消は困難であったといっていい。

加えて、幕府に命じられる参勤交代や手伝い普請《ぶしん》による出費。

かつては、「貯蔵せる黄金の重みで、城の櫓下の石垣が傾いた」とさえ伝えられた富裕な松代藩も、ご多分に洩《も》れず、先代・真田信安《のぶやす》（真田家五代藩主）の頃には財政は傾き、当代の幸弘《ゆきひろ》にいたっては瓦解《がかい》の危機に瀕《ひん》するまでとなっていた。累積した赤字は、藩の御用商人・八田《はった》家からの借入金だけでも二十一万両（現在に換算して、八十四億円）に及んでいる。

恩田木工の前任者・**田村半右衛門《たむらはんえもん》**は、この危機を領民の人間性を無視した、苛斂誅求《かれんちゅうきゅう》で乗り切ろうと画策した。寛延《かんえん》四年（一七五一）七月、半右衛門は領内の庄屋たちを呼び集めて、多額の御用金を問答無用で厳命する。そのうえ、暴論まで吐いた。

「博奕《ばくち》はもちろん、盗みをしても差し支えなし。とにかく、所定の日までに金子《きんす》を、耳を揃えて用立てることだ」

半右衛門は強弁《きょうべん》した。

彼は彼なりに藩の危機を救うため、必死の思いであったのだろう。だが、八月、藩内の七十三ヵ村二千人の農民が、一斉に決起し、城下に押し寄せる事態となった。

田村半右衛門を引き渡せ、というのだ。

領民たちも、すでに生死の境に追い詰められていたのである。

「――すわ、藩対百姓の合戦か」

町奉行が鎮圧に乗り出すと、農民たちは半右衛門の屋敷を取り囲み、かねて用意の訴状を出して、その身柄の引き渡しを藩に要求した。百姓が一藩の、執政の身柄を引き渡せと騒ぐなど、余程、身心共に彼らは切迫していたに違いない。

藩はどうしたか。この農民たちの要求から、半右衛門を守り抜いたかといえば、そうはしなかった。事実上、屈伏した。引き渡しはしなかったが、半右衛門に騒動の責任をとらせて入牢させている。そして半右衛門は、牢中で死んでしまった。

しかし当の半右衛門は、己れが死ぬ瞬間まで、己れの犯した罪は理解できなかったであろう。武士は農民の上位者であり、領民は藩主のために年貢を納入するのは当然の理《ことわり》。財政逼迫のおりに、領民がそれに応じて補うのも、半右衛門にすれば当たり前のことであったはずだ。

だが、幕藩体制の崩壊の兆しは、いわれなき強権《きょうけん》に対して、領民が泣き寝入りすることから、反抗するところまで、すでにきていたのである。

半右衛門の後任者・恩田木工は、その現実をしっかりと肝に銘じたという。

恩田家は、松代藩の家老を世襲する家柄であった。木工の生まれた享保《きょうほう》二年（一七一七）は、まさに八代将軍・徳川吉宗が、幕政改革である「享保の改革」を実施しようとしていた時期にあたる。『日暮硯』によると、江戸にいた藩主・真田幸弘に呼び出された木工は、国政委任＝執政就任を引き受ける条件に、老職（家老）はじめ諸役人に、これから自分のやることに一切反対はしない、との一札を出させたという。

そのうえで帰国後、木工は妻子や親類、郎党（家来）を集め、

一、虚言は一切つかわぬこと
二、食事は飯と汁だけにすること
三、衣類は木綿のほかは着ないこと

この三つを堅く守るよう約束させ、さらに諸役人を集めると、これまでの「半知」（俸禄《ほうろく》を半分借りあげること）を以後はやめる、と宣言した。家禄はもとへ戻すから、藩士は文武両道に精を出してほしいといい、その一方では、

「余暇に、芸事を嗜《たしな》むのに遠慮はいらぬ」

と、理解のあるところまで示した。

およそ前任者のやり方とは、正反対の方針を示したことになる。

また、木工は領内の主だった農民を城中へ呼ぶと、今後は政治上の嘘はつかぬ。一度、公表した施策は決して変更はしない。賄賂《わいろ》は厳禁である。年貢の厳しい督促《とくそく》や先納《せんのう》などもせぬし、御用金《ごようきん》も申しつけない旨を明言した。

そして、これらを前提に、木工は農民たちの代表に相談をもちかける。

「ついては、これまでの年貢の未納は免除するから、先納分は帳消しとし、さらに納めた御用金の返

済についいては凍結してほしい」

領民たちは、先の田村半右衛門と打って変わった、木工の懇切丁寧な申し出に感激し、木工の申し出を了承したばかりか、藩の窮状に理解を示して、「二年分の年貢納入」を願い出たという。

木工は農民たちの言葉だけを受け取り、一年分だけの完納を命じた。

農民たちの心をつかんだ木工は、彼らに、これまで悪事を働いた藩の役人の名前を上申《じょうしん》させ、それを藩主に報告。ただし、旧悪の露見をおそれて仕事が手につかない役人たちには、その悪事をあえて糾弾せず、これから改心して藩政改革に打ち込むように、と該当者を諭《さと》したのであった。

「役人たちの汚職は影をひそめた」

と『日暮硯』は記し、その後、五年も経たないうちに、藩の借財は皆無となり、領内は豊かになって藩政再建は成功した、と述べた。

「改革」に綺麗事《きれいごと》はあり得ない

――実に、すばらしい話である。

が、この物語に感動する企業経営者、幹部の方がいたとすれば、残念だがその方は経営のずぶの素人《しろうと》、経営に携わる資格はあるまい。

歴史学の立場から直截《ちょくせつ》に言わせてもらえば、残念ながらこれら恩田木工の言動はことごとく、史実ではなかった。すべて、創り話である。

なるほど、恩田木工という人物は実在したが、彼は一般のイメージする〝名家老〟と呼ばれるほどの実績を残してはいなかった。

執政に就任した三年後――宝暦七年（一七五七）から財政再建に着手した史実の木工は、同十二年、四十六歳で没するまでの五年間、懸命に改革にあたったものの、結果的には、莫大な藩の借金を少しも減らすことができなかった。

藩士の「半知」は相変わらずつづいていたし、年貢の先納や御用金の廃止も、正式な記録にはない。むしろ、年貢の未納分については、月割り納入という新しい方法が採用され、農民への圧迫の度は強化されている。それでいて、木工が没した翌年、松代藩では藩主の参勤交代の費用すら工面できないほど、財政は破綻していた。

『日暮硯』は、松代藩の実情をよく知らないままに、「恩田木工」という実在の人物に仮託して、理想の執政像を、藩の経営がいかなるものかを知らない領民側――被支配者層――が空想して描いた、というのが真相に近いようだ。歴史を学問としてやらなかった、時代小説の書き手と同じである。

史実の恩田木工は、倹約一点張りの消極策に終始し、旧態依然《きゅうたいいぜん》たる方策から脱することができなかった。何一つ、財政再建の具体策を表明することができなかったのだ。

――ここに、理想と現実の厳しい相違がある。

考えてみればよい。なぜ、前任者の田村半右衛門は、領民たちに苛斂誅求で臨んだのか。財源に窮したからではなかったのか。一方の『日暮硯』の恩田木工は、藩士・領民に理解ある態度をとった。

が、最も重要な財政再建の基本、破綻した財政を建て直すための財源を、いずこにも彼は求めていない。

旧態依然たる藩の運営をして、どうして、赤字が克服できるのであろうか。新規事業への取り組み、人件費の節約、「改革」と名のつくものには、綺麗事の成功などそもそもあり得なかった。

土佐藩における野中兼山を否定して、綺麗事を並べた〝寛文の改替〟はどうなったか、読者諸氏は思い出していただきたい。

たずさわった者は、周囲から罵詈雑言《ばりぞうごん》を浴びせられ、血を流し、汗をふり絞って、いばらの道を歩かねばならないものだ。

『論語』の中に、「貧《まず》しくして怨みなきは難《かた》し」とある。人はとかく、自分の生活が苦しくなると、他をうらやみ、うらみ、他人をとがめるものだ。その不平・不満は当然、政治・行政を司る人物に向けられる。

方法論をあやまったとはいえ、田村半右衛門が怨嗟《えんさ》の的となったのは、まさにそのためであったのはいうまでもない。

貧しい境遇にあってなおかつ、うらみを抱かないことは至難のことである。それは、富める者となって驕《おご》りを押さえるよりも困難であり、実行できれば立派な人生の態度ではあるが、なかなか思うようにはいかないものだ。『日暮硯』を読んで、感銘を受けたという経営者は、歴史と人間を知らない人、といえるかもしれない。

とはいえ、『日暮硯』にみられる理想的執政像はともかく、では、史実の恩田木工に学ぶべきものは何もないのか、といえばそうではあるまい。

刻苦勉励《こっくべんれい》、謹厳実直《きんげんじっちょく》なる人柄、懸命に己れに与えられた仕事と取り組んだ姿勢——それらは今日なお、多くの経営者や補佐役の参考となるはずである。

要は『荘子』にいう、

「世を挙《こぞ》てっ之《これ》を誉《ほ》むれども、勧《すす》むることを加えず。世を挙って之《これ》を非《そし》れども、沮《はば》むことを加えず」

(世間がこぞって自分をほめたからといって、大いにはげみ勇んで仕事をすることもなければ、反対に世をあげて自分をけなしても、そのために意気がくじけることもない)。

——世の毀誉褒貶《きよほうへん》について、心を動かさない姿勢こそ大切だ、という荘子の言い分は、恩田木工にもあてはまるに相違ない。

彼にもし、新規事業を創出できる軍師(外部スタッフ)や部下=補佐役がいたならば、とその点、残念に思われてならない。

明治維新の原動力となった宰相──長州藩・村田清風《むらたせいふう》

実践的な藩政改革

天保《てんぽう》八年（一八三七）に、**毛利慶親**《もうりのりちか》（のち敬親《たかちか》）が十三代藩主となった頃、のちの幕末の沸点で、〝雄藩〟の名をほしいままにする長州は、未曾有《みぞう》の財政危機に直面していた。

借金が銀八万貫（天保九年には九万貫）という、途方もない巨額にのぼっていたのである。

そもそも長州藩毛利家は、関ヶ原の戦いで西軍の総大将に毛利輝元が祀《まつ》り上げられたため、それまで領有していた八ヵ国を、戦勝者で東軍の総大将であった徳川家康に没収され、改めて周防・長門（現・山口県）の二ヵ国を与えられた経緯があった。

四分の一の領土となった長州藩では、十数年を費やして検地を行い、総石高＝実高が五十三万石あることを知る。

知ったうえで、三十六万九千石のみを、幕府に検地結果として報告した。これが、表高となる。

藩政の初期において長州は、実高から表高を差し引いた残りを、特別会計として臨時の支出に備え、密かにたくわえた。

ところが、幕藩体制は構造上に不備があり、流通する銭に米の取れ高（石高）がついていけず、幕府、諸藩ことごとくを財政破綻に追い込んでしまう。

長州藩も例外ではなく、銀九万貫の負債を背負うことになったわけだ。もし、藩主以下全藩士、その家族が飲まず食わずで貢租全額を償還《しょうかん》にあてたとしても、二十年はかかるという金額である。

人間は飲食しなければ、生きていけない。いかに切りつめたとしても、さて、五十年での返済はおそらく不可能であったろう。もし、この状況のまま幕末の混乱期に突入していたならば、さしもの長州藩も「薩長同盟」はむろん、討幕の主力を担うことはできなかったに違いない。

この困難きわまりない、財政問題の解決を託されたのが**村田清風**《むらたせいふう》であった。

天明《てんめい》三年（一七八三）四月、長門国大津郡三隅《みすみ》村（現・山口県長門市三隅）に生まれた清風は、初名を順之《のりゆき》、ついで将之《まさゆき》。通称を四郎左衛門、のちに織部《おりべ》と改めた。清風は、後年の諱である。

十五歳で二十キロはなれた藩校「明倫館《めいりんかん》」に通い、成績優秀をもって官費修学生となった。

二十歳のとき、江戸に留学へ赴く途中、はじめて富士山を見た彼は、

来てみればさほどでもなし富士の山

　釈迦や孔子もかくやあるらん

と、不敵な歌を詠んだ。

二十六歳で藩に出仕し、手《て》廻組《まわりぐみ》に加え、小姓役を拝命する。彼の出世は、順風満帆《じゅんぷうまんぱん》――右筆《ゆうひつ》役密用方、江戸屋敷在番、異船防御方を経て、「当役」の右筆添役となった。ポストは、秘書課長心得のようなもの。このとき、清風は三十七歳。

ちなみに、ここでいう「当役」は事実上の「家老」であり、厳密には「当役」は江戸家老を、「当職」が国家老に相当した。

清風が財政問題に、直接かかわりを持ったのは、文政《ぶんせい》七年（一八二四）の当職手元役となった頃であろうか。この役職は、家老の補佐役であり、ときに彼は四十二歳であった。

村田清風

天保元年には四十八歳で撫《ぶ》育方頭人《いくがたとうにん》となっている。これは長州藩の裏帳簿をつかさどる担当官であり、それにしては清風の家禄は、九十一石でしかなかった。のち、加増されて百六十一石。これでは「家老」とはいえまい、との見方もあろうが、その職務権限は明らかに勘定方家老に匹敵した。

天保九年、五十六歳で表番頭《おもてばんがしら》として地江戸両仕組掛《しくみがかり》となり、経理担当重役となった彼は、藩財政改革にいよいよ着手するが、反対する江戸在番、奥向きの抵抗にあい、改革はなかなか遅々として進まない。加えて、天保元年に長州藩では開闢《かいびゃく》以来の大規模な〝天保一揆《てんぽういっき》〟が勃発。藩領はその痛手から、完全に立ち直ってはいなかった。

天保十一年、ついに藩主敬親の臨席を仰ぎ、御前会議が召集される。

この席上、清風が語ったことは、すべての藩政改革に挑む者が口にすることと、少しも変わらなかった。防長二州が一丸となって、藩主以下藩士のすみずみまでが姿勢を正す。藩風を一新しようというものだった。身分にこだわらない人材の登用。藩をあげての倹約。藩をあげての産業の育成・発展。文武を奨励して士気を高める。

清風の門人たち

清風がほかの藩政改革者と異なったのは、こうした心構えを土台として、具体策を定めたところにあった。まず、下関《しものせき》の廻船《かいせい》管理を強化する。「越荷方《こしにかた》」と称された役所の権限を拡張し、藩外との通商を臨機応変に取り仕切らせた。

次に、これまでの藩士の借金をすべて藩庁が肩代わりして、三十七年間かけて返済する、「三十七カ年賦皆済仕法《ねんぷかいさいしほう》」――毎年二朱《にしゅ》の利子を払い、借金棒引きにする策を実行に移す。

三番目に、長い泰平の世で堕落し衰えた武士道の精神を取り戻すために、文武の修行を活性化させる。天保十四年（一八四三）には、一万四千人を動員、五百数十頭の軍馬を集めた、大操練《だいそうれん》を実施している。同時に、「在郷武士論」――萩の城下に集中する武士の生活を緩和し、帰農を奨励して、あわせて農村の子弟の文武教育にも当たらせるというもの。

また一方では、疲弊《ひへい》した農民の救済を目的に、修補制度を充実。貧農層には米銀を供与し、子供が生まれたおりにも扶助米を支給し、農村人口を増やし、活性化させて、収穫を増やすことを目指した。

〝名家老〟といえる業績を、清風は次々とつみあげていく。

だが、財政再建のために、一方的に負担を強いられた商人や豪農、上級藩士たちは、決して清風のやり方を認めようとはしなかった。

弘化《こうか》元年（一八四四）、清風は抵抗勢力により、ついには失脚に追い込まれてしまう。

反対派閥の長・坪井九右衛門《つぼいくえもん》が新たに改革の責任者に起用され、彼は当然のごとく清風の手法をことごとく否定したが、では別の具体策があったのか、といえば旧態依然の質素倹約を厳命する以外、何ほどのこともなかった。

政権は、清風派の周布《すふ》政之助《まさのすけ》兼翼《かねすけ》に再び移る。

一方、郷里の三隅《みすみ》に退き、籠居《ろうきょ》した清風のもとには、その教えを求めて人々が集まり、子弟育成の私塾「尊聖堂《そんせいどう》」ができあがった。この門下から前述の周布政之助をはじめ、吉田松陰などの人材が輩出されている。いわば清風こそが、長州における明治維新の源流といえるかもしれない。

安政《あんせい》二年（一八五五）、中風を再発した彼は、七十三歳でこの世を去ったが、この存命中はむろんのこと、後世に与えた影響も含め、清風はまごうことなき、〝名家老〟であったといえよう。

長井雅楽の「航海遠略策」

蛇足ながら、幕末、尊皇攘夷《じょうい》派の志士にゆさぶられ、追いつめられた幕府が、公武合体の精神としてすがった政略論は「航海遠略策」であったが、この提唱者も清風の弟子・**長井雅楽**《ながいうた》であった。

この論文は画期的なものであり、これ以降に幕末・明治に登場する政略ことごとくが、実はこの理論に影響を受けていた。

「智弁第一の人」

と称された長井雅楽は、藩名門の出身。文久《ぶんきゅう》元年（一八六一）に直目付の地位にあり、長州藩の行政を司る周布政之助と協議のうえ、建白書を藩主敬親《たかちか》へ差し出した。

雅楽は建白書に、「破約攘夷は子供の話だ」と断じる。そんなことは、できるはずがないではないか。一度、欧米列強と結んだ条約を、勝手に一方が破棄などできるものではない。すれば戦争になるが、二百年来、泰平に慣れてきた武士に何ができるというのか。現に、嘉永《かえい》六年（一八五三）にペリーがやってきたとき、たかだか五百人たらずのアメリカ軍人を、五万人からの日本の武士が取り囲んだものの、五百人は毅然《きぜん》とふるまい、悠々たるものであった。五万の日本武士は、どうであったか。動揺を隠せなかったではないか。

「武士に攘夷など、できはしない」

攘夷を叫ぶ前に、武士の精神を入れ替え、武器弾薬を購入し、装備を欧米列強風にしなければならない。こうした物心両面が鍛え直されてこそ、本当の攘夷はできるのだ。今はむしろ、開国の現実を積極的に受け入れ、軍備を充実させ、海外に視察団を出し、欧米の長所を取り入れて、わが国の人心を改めるべきである。長州藩は政策揺り返しの中で、雅楽の「航海遠略策」を藩論と決した。

雅楽はこれを京都の朝廷に工作し、正親町《おおぎまち》三条実愛《さねなる》に説き、孝明帝（明治天皇の父）に伝え、朝廷の合意を取りつける。そして、幕閣へ説明し、賛同を得た彼の私論は、やがて幕論ともなった。

筆者は村田清風を敬尊《けいそん》しているが、同様に長井雅楽の存在を、幕末日本に幸いした巨星だと考えている。このとき、幕末史は一つの方向性をもった。それは今日の日本へつながらない、もう一つの、公武合体路線による新しい日本の可能性である。

だが、追いつめられた尊皇攘夷派は、雅楽の策を現状肯定の愚策と決めつけ、「航海遠略策」が幕府の公認となった万延《まんえん》元年（一八六〇）、七月二十二日、清風の弟子・松陰の盟友ともいうべき桂小五郎（のちの木戸孝允《きどたかよし》）や弟子の久坂玄瑞《くさかげんすい》などは、水戸藩の志士との間に「丙辰丸盟約《へいしんまるめいやく》」（成破盟約）を結んだ。現幕閣を倒して、幕閣を改造するために、破壊と事態収拾＝成功をわけ、前者を水戸藩が担当し、後者を長州藩が受けもつというもの。

水戸藩士――形の上では脱藩牢人――に狙われたのが、大老・井伊直弼《いいなおすけ》であり、次に襲われたのが老中・安藤信正《あんどうのぶまさ》であった。後者は文久二年正月十五日、後世に〝坂下門外の変《さかしたもんがいのへん》〟と呼ばれることになる。信正は傷を負ったものの、生命《いのち》に別状はなかった。が、本復《ほんぷく》するまでのわずかな期間、政局が止まってしまった。

歴史はときに、皮肉な演出をやるものだ。緞帳《どんちょう》芝居がいよいよ幕切れになろうかとした一瞬を突いて、話にもならない田舎役者を登場させて、それまでの舞台を滅茶苦茶《めちゃくちゃ》にしたようなもの。

この間、長州藩内では棚ざらしにされたことで、長井雅楽の追い落としが画策される。使用された「謗詞似寄《ぼうじによ》り」の四文字が、朝廷を誹謗《ひぼう》している、きわめて不敬である、と「航海遠略策」にケチをつけ、雅楽は朝廷を謗《そし》る極悪人である、との風評を流した。

尊攘派の藩士につきあげられた周布政之助は、雅楽を守り切れず、ついに長州藩論を尊皇攘夷に転換。雅楽の「航海遠略策」は、実行間際で否定されてしまう。文久三年二月六日、長井雅楽は切腹して果てている。享年四十五。

残った辞世の句は、見事なものであった。

君恩に報ぜんと欲して業《ぎょう》
　未《いま》だ央《なか》ば自ら四十五年の狂《きょう》と愧《は》づ
即今《そっこん》の成仏は吾が意に非ず
　願くは天魔と作《な》りて国光《こっこう》を輔《たす》けん

蛇足の蛇足ながら、その前年の、文久二年十二月一日、江戸にあった土佐藩主・山内豊範《やまうちとよのり》が、長州藩主・毛利敬親《もうりたかちか》の養女・喜久《きく》姫と結婚の式をあげた。

本来なら、この縁戚により両藩は固く結ばれねばならなかったのだが、一方は公武合体を本旨《ほんし》とする山内容堂の采配下にあり、他方は藩主を無視しての尊皇攘夷への驀進《ばくしん》をつづける有様。微妙に、双方への不平・不満が見え隠れしていた。

挙式の少し前、十一月五日、容堂は長州藩世子《せいし》の毛利定広《さだひろ》に招かれて、長州藩邸を訪れた。供奉《ぐぶ》したのは小南五郎右衛門《こみなみごろうえもん》（のち五郎）・寺村左膳《てらむらさぜん》（道成《みちなり》）・乾《いぬい》（のち板垣）退助《たいすけ》・小笠原唯八《おがさわらただはち》・山地忠七《やまじ》（元治《もとはる》）らの面々。これを応接したのが、周布政之助《すふまさのすけ》、久坂玄瑞《くさかげんずい》など長州藩首脳部であった。

たがいに酒を酌みかわし、座が和んで「席書《せきがき》の催し」（会席で即興に書画をかく）となる。求められた容堂が、俳歌一首を書いたまでは問題なかったが、座興で別の紙に、得意の瓢箪《ひょうたん》を逆さに描いた。

そのうえで、

「長州はこれよ」

とやった。

下級藩士が藩全体を動かす、下剋上ぶりをあてこすったのだが、長州側はこれに敏感に反応した。所望された詩吟にかこつけて、久坂玄瑞が勤王僧・月照《げっしょう》の長詩《ちょうし》を吟じ、

「吾《わ》れ方外《ほうがい》に居てなお切歯《せっし》す。廟堂《びょうどう》の諸老何ぞ遅疑《ちぎ》するや」

と吟じ、ここでぴたりとやめ、周布があとを引きとり、すかさず、

「容堂さまもまた、廟堂の一老公――」

と、容堂本人を指さした。

同じ頃、長州藩の攘夷過激派――久坂玄瑞・高杉晋作《たかすぎしんさく》・白井小助《しらいこすけ》・赤根幹之丞《あかねみきのじょう》・品川弥二郎《しながわやじろう》・井《いの》

上聞多《うえもんた》（のち馨《かおる》）ら――による横浜の英国公使館襲撃計画が事前に、長州と土佐の両藩へもれた。

計画自体は幕府の警固が厳しく、ついに実行には移されなかったが、心配して蒲田の梅屋敷＝長州藩世子の住居へかけつけた土佐藩士に対して、周布政之助が酒の勢いもあり、馬上から、

「容堂公は、尊皇攘夷をちゃらかしなさる」

と、放言した。

土佐藩では周布の引き渡しを要求し、場合によっては斬り合いも辞さず、の場面となった。長州藩世子・定広の陳謝で、ようやく事なきをえたものの、腹の虫のおさまらない土佐藩では、ご一新直前まで、長州藩と行動をともにすることはなかった。

いずれにしても、村田清風ほどの度量が、その門下の人々にはのぞめなかったように思われてならない。ただ、清風の藩政改革のおかげで、長州は回天の実を手にすることができた。これは、間違いあるまい。

大名家再建の名手——小田原藩ほか・二宮尊徳《にのみやそんとく》

なぜ、戦後、二宮尊徳は復権しないのか

天災飢饉に備えての、「備籾倉《そなえもみぐら》」や「義倉《ぎそう》」を設置する意義を、「推譲《すいじょう》」という言葉で表現した、財政改革の達人がいた。

藩政改革の神さまのように崇められる、上杉鷹山《うえすぎようざん》に遅れること三十六年、天明七年（一七八七）に、現在の神奈川県小田原、当時の栢山《かやま》村の、農家の長男として生まれた**二宮金次郎《にのみやきんじろう》**（金治郎とも）、のちの**尊徳《そんとく》**である。「推譲」について、尊徳自身の言葉が伝えられている。

「譲というのは、人道（人間の努力による道）である。今日の物を明日に譲《ゆず》り、今年の物を来年に譲る道を勧めない者は、人であって人ではない。十銭を儲けて十銭を使い、二十銭を得て二十銭を使って、宵越《よいご》しの金をもたないというのは、鳥獣《ちょうじゅう》の道であって人道ではないのだ。なぜなら、鳥獣には今日の物を明日に譲り、今年の物を来年に譲るという道がないからである。

人はそうではない。今日の物を明日に譲り、今年の物を来年に譲って、そのうえ子孫に譲り、他人

に譲るという道がある。私の考えではこれを〝譲《じょう》の道〟という。すなわち人道の最高の道徳である。

そして、この譲の道には順序もあるのだ。今年の物を、来年に譲るのも譲である。つまり、貯蓄だ。子孫に譲るのも譲で、家産増殖である。このほかに親戚にも友人にも譲らなければならず、村にも国家（藩のこと）にも譲らなければならない」（筆者による「推譲論《すいじょうろん》」の現代語訳）

二宮尊徳の村にも藩にもという「推譲」を、今日にあてはめれば、福祉や他国への経済援助にも置き換えられるかもしれない。もっとも、そのスタートは尊徳のいうとおり〝貯蓄〟であった。

しかし、このことは理屈では理解できても、なかなか感情としては素直に受け入れ難いものがある。それだけに、繰り返してその必要性を、説かねばならなかった。

先に名の出た上杉鷹山と二宮尊徳の二人は、並び称せられる財政改革・再建のエキスパートとして知られているが、二人の生い立ちは大きく異なっていた。

以下、評伝風に二宮尊徳について、つづってみる。

戦前、この人物を知らない日本人は、おそらくいなかったに違いない。金次郎と呼ばれた幼少の頃、薪を背負って読書に励んだという挿話は、多大な感動をもって迎えられ、全国の小学校の校庭に、彼の銅像は設置され、日々、仰《あお》がれた。

不遇で貧しい生活にもかかわらず、寸暇《すんか》を惜しんで学問をつづけ、少年時代の苦労を、見事に学問の力で花開かせ、多くの疲弊《ひへい》した村落を再建した。二宮尊徳は、紛《まが》う方《かた》なき理想の日本人の典型であったといえる。

ところが、この尊徳に向けた尊敬のまなざしが、戦後、急速にしぼんでしまった。今でも尊徳を敬慕する人や団体はあるが、以前のような国民を挙げての盛り上がりには比べようもない。

なぜ、尊徳人気は急落してしまったのだろうか。軍国主義に利用された、という声はよく聞く。

確かに、その一面もあったであろう。だが、私見として述べるならば、戦前の二宮尊徳はあまりにも、虚構性の強いものでありすぎたからではないか、という気がしてならない。

たとえて言えば、われわれは二宮尊徳と呼びながら、当の尊徳その人は終始、〝二宮金次郎〟と姓名を印していた。それが幕臣となった天保の末頃から、その大著の左下に細字体で尊徳と記すようになり、さらには「金」を崩したかと思われる花押《かおう》（書判）を使用するにいたった、こうした変化の過程に似ていた。

——二宮尊徳は篤農家《とくのうか》、農村復興の指導者といわれるが、果たしてそうだったのだろうか。

いわば、こうした疑問が、筆者の中には渦を巻いていた。

二宮尊徳

金次郎は天明七年七月二十三日、先述した如《ごと》く、相模国足柄上郡栢山村（現・神奈川県小田原市栢山）に生まれている。小田原藩十一万三千石の領内でもあった。

栢山村は新規開墾によって開かれた村で、金次郎の祖父にあたる銀右衛門が鍬《くわ》をうちふるい、二町三反六畝《せ》（約二万三千四百五平方メートル）の田畑を拓いた。

ところが、この銀右衛門は子をなさず、一説には妻も終生もたなかったのではないか、とさえいわれている。ただひたすら荒地を拓き、天明二年十月、この世を去った。その数年前にようやく、養子（実家の兄の子）・利右衛門を迎えた。この人が、金次郎の実父となる。

金次郎の実父・利右衛門《りうえもん》

銀右衛門という人はどうやら、己れの開拓する田畑をいかに広げるか、いわばこれだけに興味をもつような人物であった。せっかく迎えた養子に嫁をとらせず、利右衛門が十四歳年下の嫁よしを迎えたのは、銀右衛門が死んで二年後のことであった。

ときに、利右衛門は三十二歳。三年後に長男の金次郎を得るわけだが、当時の農村においてこうした婚期の遅れは、農民にとって致命的であった、といわねばならない。

誤解されやすいところだが、江戸期における農村というのは、何処も運命共同体の要素が強かった。道普請や堤防の補修、山林の管理・維持など、村人たちが相談して運営する公共事業＝共通項は限りなく多かったのである。

年寄りには年寄りの、女子供には女子供の、それなりの役割分担があったのだが、銀右衛門はこの種のことをどのように考えていたのだろうか。後を継いだ利右衛門は、ほどなく〝栢山の善人〟と呼ばれるようになる。村人たちに施しをし、結果として家を継いで、十八年の間に田畑を一町六反（一万五千八百六十八平方メートル）ほど他人の手にゆだねることになったという。

利右衛門は、養父の村落における無関心さを、あるいは挽回しようとしたのかもしれないが、それにしてもこの利右衛門という人は、不思議な人であった。農家を継ぎながら農業にいそしまず、学問にのめり込んで、ほとんど家人を顧《かえり》みようとしていない。

その証左《しょうさ》が、右の田畑の喪失である。

誤解している読者がいるかもしれないが、当時の農村では、他人に金を貸すとき、米や麦、豆などの現物で返済することもあり、取り立てというのは一般には行われなかった。返済がとどこおって歳月が経つと、はじめて借用証を書いて利息を払う事態となる。そして、それが嵩《かさ》んでくると〝質入れ〟といわれる関係が生じるわけだ。

しかし、読者諸氏には曲解《きょっかい》のないように願いたいのだが、この〝質入れ〟はそのまま田畑を失うことにはつながらなかったのである。担保に入れた田畑が流れれば、借主が耕作権を失い、自作から小作人となることを意味した。つまり、これまで通り己れの田畑を耕して、その収穫の中から金を借りた利息を支払い、小作料を払っていくことになったわけだ。

かりに田畑を取り上げたとしても、誰かがそれを耕して維持していかねばならない。新しい働き手を見つけられねば、田畑は荒れて村全体の迷惑となる。苦しく展望の開けぬことではあったが、この頃の農民はひたすら、二重払いの生活の中に生きつづけた。そして、いよいよどうにもならなくなると、夜逃げや逃散《ちょうさん》となった。

――この常識がなぜか、二宮家には通用しないのである。

ひたすら田畑を広げた銀右衛門の遺産を、利右衛門は通常の処理によらず、いとも簡単に手放していった。しかも、その理由は施しであったというのだ。本人の意志はともかく、傍《はた》からみれば物好きとしか映らなかったことは確かだ。

挙句は、体の弱い利右衛門は三人の子を残して、さっさと他界してしまった。残った七反（六千九百四十二平方メートル）余りの田畑を、妻のよしは懸命に守ろうとしたが果たせず、夫の没後十八ヵ月で、彼女も、この世を去ってしまう。

少年金次郎の苦労物語は、この間に創り出されたものであった。

代表的なものが、山に入っての柴刈りだろうが、この行為にも歴史の実相をあてはめてみると、首をかしげたくなる。金次郎少年は貧しい家計を助けるため、薪を伐りに山へ入ったというが、その山は矢佐之山《やさのやま》、久野山《くのやま》、三竹山《みたけやま》の三つが考えられた。この三山は〝入会山《いりあいやま》〟である。

江戸時代、帰属の明確でない山川などは存在しなかった。三山は皆、隣接する複数の村々が共同で、管理していた。農家の数や田畑の面積を基準に、山の斜面にいたるまで、所有と使用方法が細かく定められている。いつ山へ入って若草を刈り、いつ枝の切り取りを行うか、薪炭材の伐り取りも皆、厳格に決められていたのである。

金次郎がそうした村々の協議を知らなかった、との見方はできなくもない。だが、頻繁に山へ勝手に入られ、勝手に薪を拾われる他の村落にしてみれば、これは決して見逃せないものであったはずだ。おそらく、抗議が栢山村に持ち込まれたであろう。それを、村人たちは詫び、金次郎を庇《かば》った。

一つは憐憫《れんびん》の情であり、また、やがて金次郎が一人立ちし、七反余の田畑を受け継ぐのだ、いま逃散でもされては、将来の村の働き手を失うことにもつながる、と村人は考え、あえて見てみぬふりをし、金次郎はそうした好意の上に、乗りつづけたといってよい。

そして〝伝説〟では、子守りの駄賃を受け取っては、二百文の金で、植林した残りの松の苗を二百本ほど譲り受け、酒匂川《さかわがわ》の堤防に植えるという、離《はな》れ業をやってのける。

もし、この行為が史実なら、村人たちは、

「あの子は、何もわかっていない」

金次郎をそうした思いで見つめ、溜め息をついたことであろう。

堤防には、複雑な約束事がなされており、幕府や諸藩の許しもなく、思いのままに木を植えることなど論外であったといえる。この理《ことわり》が、金次郎には理解できなかったのであろうか。金次郎は駄賃を貰えば苗を買ったり、父の酒代にかえたりしたという。体の悪い寝たきりの父へ、彼は平気で己れの信じる、〝善意〟を実行したのだろうか。

「報徳仕法」による財政再建

金次郎は母の死とともに、父の実家（伯父の家）に引き取られて成人していく。

そして伯父たちの買い戻してくれた田畑を加え、これらを自らが耕すことをせず、他人に貸して小作料を貰い、自身は手間賃稼ぎに村を出て、貯めた金を貸せば利息が入る、という商人的な発想の世界へ旅立っていった。

金次郎が身に付けたとされる学問は、より正確には理財に聡《さと》い己れの理論性を高めるのに役立った、といえまいか。彼の視線はいつの頃からか、農民を上から見下ろし、人々を導くという姿勢になっていく。それは己れ自身が、農民であることをも否定するかのように、筆者には映った。

ただ、財政再建家の道を歩んだ金次郎は、自らを見守ってくれた村人への感謝の念は忘れていなかったようだ。これが〝報徳〟となる。

小田原藩の家老・服部十郎兵衛《はっとりじゅうろうべえ》の、火の車となっていた台所勘定を、任せたからには主人といえども新しい仕法に口出ししない、との約定《やくじょう》を書かせ、金次郎は骨組みごと改革し、倹約と貯蓄を両輪に、見事、再建を果たした。このおりの仕法とは、服部家の生活水準の設定、つまり収支の基準を定めることであった。これを「分度《ぶんど》」という。

では、「分度」とはどういうことなのか。『広辞苑《こうじえん》』によれば、

「自己の社会的・経済的実力を知り、それに応じて生活の限度を定めること」

とある。有《あ》り体《てい》にいえば、己れの分際・分限をわきまえよ、ということになろうか。

人にはもって生まれた天分があり、それは個々人によって相違するはずである。「度」は節度と解すればよいだろう。天分を知って己れの分限を知れば、それに応じて自らの生活の限度も自然と定まるというのだ。経営の見地からは「分」は収入で、「度」は支出になろうか。現代のビジネスマンからは、当然のことだ、と言われるかもしれない。

次に、徹底した節度の実施。金次郎は五年にして、数百両あった借金を完済したばかりか、三百両以上の余剰金を生み出すことに成功する。喜んだ十郎兵衛は、礼金として百両を金次郎に与えたが、彼はそれを服部家の人々に分け与えたという。

こうした金次郎の活躍を耳にした十郎兵衛の主君・大久保忠真《おおくぼただざね》は、分家にあたる宇津家の下野国《しもつけのくに》桜町領（現・栃木県真岡《もおか》市、合併前は二宮町）の復興を金次郎に委ねた。

現地を訪れた金次郎も、さすがに驚いたに違いない。土地は荒れ放題で農民は四散、四千石の収入が見込める土地は、わずかに千石しか収穫がなくなっていた。

金次郎の「分度」は、宇津家の生活水準を四分の一に減らすというものであった。

一方で農民の年貢の上限を低くし、こちらは動かさない。新田開発をすすめ、用水路や農道を整備し、十年かけた再建は、天保二年（一八三一）に収穫の三倍増、離散農家の出戻りとなって表れた。農民たちは年貢の上限が定まっているため、それを超える増収分は自分たちのものとなって、生活にゆとりが生じた。藩はもとより、年貢が増えたのだから文句はない。

この増収分の利益を還元する仕法を、人々は「報徳仕法《ほうとくしほう》」と呼んだ。

このおり、他領へ逃散する農民を防ぐべく、奨励金を金次郎は出したが、この無利息・分割返済による貸付金は、「報徳金」と呼ばれることになる。

〝積小為大〟の原理

下野国桜町領の再建成功は、つづいて小田原藩全体の再建を任されることにつながった。

事実上の財政再建担当重役であり、家老と同等、否、それを上回る職権であったといってよい。

だが、天保八年（一八三七）に藩主・大久保忠真が没すると、後ろ盾《うしだて》を失った金次郎は、年貢の上限を決めて利益を農民に還元するのはけしからんと、藩士の支出を抑えて、農民を富ませることが武士階級には理解できなかったようだ。結果、藩上層部の「報徳仕法」否定により、金次郎の再建は暗礁《あんしょう》に乗り上げてしまう。そこへ、現れたのが天保の改革を実施した老中筆頭・水野忠邦《ただくに》であった。

天保十三年、金次郎は幕府の御普請役に登用される。今度は天下の勘定奉行に匹敵する役まわりであった。利根川沿岸の治水及び復興、日光東照宮領の開拓――幕臣となった金次郎は、再建を己れの天職と考え、「報徳仕法」を駆使して頑張ったが、安政三年（一八五六）、病に倒れてしまう。

彼はついに、日光東照宮の開拓を見届けることができなかった。同年十月二十日、死去。享年七十。

だが、金次郎の七十年の生涯を傾けた仕法は、全国に広まった。

ただし、「報徳仕法」は一方において、農家の人々に金の価値を教え、金を貯めることが生き甲斐《いがい》に繋がるとの、これまでの村落にはなかった意識を、導入することになってしまった。

確かに、金次郎によって再建された村落や諸藩は多い。が、その方法論は一方で、幼少の頃の金次郎の行動を寛容に許し、見守りつづけてくれた村落の、慈しみのまなざしを、消し去ることにもつながったのではないだろうか。

むつかしいところである。彼は真に、農民の救済を考えていたのだが……。

いずれにせよ、金次郎は大自然の恵みの偉大さを悟り、これを「天道」と称した。そして、「天道」の対極に、人間の努力によって生じる道、「人道」のあることも悟っている。

金次郎はこの両者をつなぐ哲学として、〝積小為大《せきしょういだい》〟の原理をもち込んだ。

「小さいことを積みかさねることによって、大が生まれる」

この考えが、〝報徳哲学〟＝「報徳仕法」を生んだのだが、この行動哲学の骨子は三つしかない。

「わが報徳の道は、勤倹譲の三つ也」

と金次郎本人は言っている。

すなわち、勤は「勤労」で、倹は「分度」であり、譲が冒頭の「推譲」にあたる。この〝勤倹譲〟は、いつの時代にも通用する不変の基本原理であろう。

この三つが正確に把握されていないところに、財政破綻の悲劇もあったわけで、「分度」を超えて、見境なく消費経済を押しすすめてしまったがゆえに、バブル経済の崩壊やリーマンショックといった現代の構造不況が到来したのである。

農家の人々の、考え方は変わった。これからも「仕法」の解釈は変貌していくに違いない。

しかし、その基本原理はいつの時代も変わらないことを、われわれは肝に銘じるべきであろう。

〝四賢侯〟の一・山内容堂《やまうちようどう》を補佐した──土佐藩・吉田東洋《よしだとうよう》

土佐藩を縛った〝秘事〟

歴史の妙味《みょうみ》は、一見、関連なさそうなものが、巨視的にみると連関している、といったところにもあった。その好例が、山内豊信《やまうちとよしげ》（号して容堂）の藩主就任であったろう。

このことがのちに、土佐藩を佐幕《さばく》と勤皇《きんのう》に二分することに繋がった。

土佐藩主の座に、三十余年君臨した山内豊資《とよすけ》（第十二代藩主）は、時勢《じせい》の流れの中で郷士や庄屋の突き上げを喰らい、天保十四年（一八四三）三月、ようやく嗣子の豊熙《とよてる》（第十三代）へ跡を譲って隠退した。これには幕府の圧力も、大いに働いたとか。

新藩主の豊熙は、すぐさま文武奨励と士風再興、行政整理に着手。新進先鋒の人材登用にも、積極的に踏み切った。

「おこぜ組」

と呼ばれる、馬淵嘉平《まぶちかへい》（正成）を中心とした改革派の人々が、その代表といってよかったろう。

馬淵は新小姓格の家に生まれ、武芸に秀《ひい》で、とくに熊本の辻大膳に竹内流小具足《こぐそく》・組打ちの術を学

吉田東洋

び、帰藩後は道場を開いて後進の指導にあたっていた。文政《ぶんせい》八年（一八二五）に江戸詰となった馬淵は、〝心学〟に傾倒。国許へ帰っても、己れの道場で心学の研究をつづけた。

その門人が、「おこぜ組」の中核を担うことになる。

ちなみに、ここでいうおこぜとは、水田にいる貝の一種で、これをもって山や海へ行くと幸《さち》に恵まれ、懐中に入れていると願い事が叶《かな》う、との言い伝えがあり、このグループに参加していれば、欲する官途＝藩の役職につける、との悪意、反感をもつ人々によって命名されたものであった。

藩主・豊熙の耳にも、馬淵嘉平への誹謗中傷が事毎に入った。

「嘉平に悪説があるのはひっきょう、あの者の才能がすぐれているからである。悪説もないような者は、これ凡夫にして用うるに足らず」

当初、豊熙は取り合わなかった。

しかし、改革派＝「おこぜ組」の政策は、これまでの藩政を全面的に否定したもので、健全財政を確立するためには、借財の整理とともに、〝聖域〟となっていた門閥《もんばつ》の経費削減をせねば収まりがつかない、とみなすものだった。

門閥層は己れの既得権益を守るため、隠居の先代・豊資をかつぎ、人事にクレームをつける一方、馬淵の失脚を執拗に働きかけた。天保十四年十一月、馬淵嘉平は投獄され、士分の待遇を奪われて永牢《えいろう》の処分をうけ、「おこぜ組」もこれに連座して失脚、処罰される。

ここで、土佐藩山内家の〝一門連枝《れんし》〟と呼ばれる門閥について、ふれておかねばならない。

ふるくは、二代藩主・山内忠義《ただよし》の三男（四男とも）・一安《かずやす》の家筋である麻布山内家（三千石の旗本）。

ついで「一門様方」と公称された九代豊雍《とよちか》の三男・豊敬《とよゆき》の分家＝西屋敷、十代豊策《とよかず》の三男・豊道の東屋敷、五男・豊著《とよあきら》の南屋敷、八男・豊栄《とよよし》の追手屋敷、十二代豊資の子・豊矩の本町屋敷――これら五家は各々、高知城内に居を構えていた。

「おこぜ組」は潰《つい》えたが、藩主・豊熈も嘉永《かえい》元年（一八四八）六月十六日、三十四歳の若さで、脚気《かっけ》が原因とされる急逝を遂げてしまう。このことが回りまわって、山内容堂を歴史の表舞台に登場させ、結果として家臣の吉田東洋を〝名家老〟とすることになる。

藩主・豊熈が他界した同月、相続が予定されていたその実子・篤弥太も病没してしまった。本当ならば、ここで土佐藩山内家は改易となる。

しかし江戸詰の重臣たちは、懸命に死んだ豊熈を生きているように偽装し、七月二日に豊熈の重体を届け、九日には豊熈の名による末期《まつご》養子の願いが、筆頭の阿部正弘以下四人の老中へ提出され、このおり篤弥太から二十五歳の豊熈の弟・豊惇《とよあつ》へと後継変更も述べられた。

ところが、養子の豊惇も江戸への途上、足痛を訴え、養子願の許可を得るべき老中列座の席へも出席できず、名代を差しむけるありさま。正確には在職わずか十二日で、豊惇は病死してしまった。享年は二十五。さらに、土佐藩を絶望の淵《ふち》に沈めたのは、豊惇に実子がなかったことである。

なぜ、土佐藩は改易にならなかったのか

余談ながら、十三代豊熙の江戸参勤を送り、また、その遺骸を大坂に迎えて土佐へ運び、一方で十四代豊惇の江戸入りを伏見まで見送った船奉行が、**吉田東洋**《よしだとうよう》であった。ときに三十三歳。

文化十三年（一八一六）、高知城下に吉田光四郎（正清）の四男として生まれた東洋は、幼名を郁《いく》助《すけ》、のちに通称を官兵衛、元吉《もときち》と称した。諱は正秋《まさあき》である。号して、東洋。

若い頃から文武に秀でていたが、一面、東洋は短気者であった。

天保八年二月、血気にまかせて無礼をはたらいた若党を、無礼討ちに斬り殺している。これは二十二歳のとき、剣は寺田忠次に学んだ藩公認の一刀流。二十六歳で家督を継ぎ、馬廻りに列せられ、翌年＝天保十三年九月に船奉行に登用された。郡奉行もつとめ、民情を知り、次代を担う逸材として藩庁にその名を知られながら、東洋は豊熙の死後、職を辞して自適な生活に入った。

ついでながら、嘉永七年六月、藩主家の親戚・松下嘉兵衛（旗本）を招いての宴会で、泥酔した嘉兵衛に殴られた際、東洋は容赦なく殴り返したため、野に下っている。職禄没収、城下四ヵ村禁足処分を受けた。

――その跡を追う前に、まずはいよいよ改易の土佐藩山内家である。

いかに死を取《と》り繕《つくろ》っても、豊惇は将軍御目見《おめみえ》をとげていない。後継ぎ＝嫡子公認の将軍御目見もなかった。万事は休した。幕法では「領地差上」＝お家断絶となる。

この当然の結末を裏でひっくり返したのが、山内家と姻戚関係にあった薩摩藩主・島津斉彬《しまづなりあきら》（実

妹が豊熙の夫人）と筑前福岡藩主の黒田長溥《くろだながひろ》、伊勢津藩主・藤堂高猷《とうどうたかゆき》らであり、彼らの意をうけて山内家に直接、働きかけ、老中首座・阿部正弘を説得したのが伊予宇和島藩主・伊達宗城《だてむねなり》であった。

宗城は「領地差上」の当然を主張する阿部に、時勢の厳しさを説き、併せて土佐に不穏がおこり、「万一心得違騒立候」てはなりませぬ、と恫喝《どうかつ》をひめつつ説得につとめた。

阿部正弘は島津斉彬の盟友でもあり、外様の賢侯を幕末の多難な政局の中で、幕府の支柱に据え直したい、と考えていた。一悶着《もんちゃく》した結果、南屋敷の当主（千五百石）であった山内輝衛《てるえ》、ついで豊《とよ》信《しげ》と名を改めた人物を十五代藩主に認めた。

山内豊信（隠居して容堂）にすれば、まさに青天の霹靂《へきれき》であったろう。

分家の当主にすぎなかったわが身が、十五代藩主になろうとは——山内家の断絶を救われたことも含め、豊信にすれば徳川幕府からうけた恩恵は他に比べるべきものもなく、骨身に沁みたことであろう。この〝秘事〟が、幕末、土佐藩上層部＝藩主と上士を縛ることになる。

一方で豊信は、形だけの〝中継養子《なかつぎ》〟にすぎない己れを自覚せずにはいられなかった。

度重なる末期養子に懲《こ》りた土佐藩では、当面の体裁に豊信をあて、早々に直系の隠居豊資の末子・鹿次郎（のちの豊範《とよのり》）を次期藩主に定め時機を待ち、この間、藩政の実権は〝大老侯〟＝豊資が、その長期的な影響力をさらに保持しつづける策を採った。

隠居の豊資は、わが末子の鹿次郎が成人のあかつきには、その藩主の座を譲るように、と誓約書を豊信に求め、彼はそれを提出している。

豊信には、藩主としての実権が何一つなかった。このことが、彼を〝鯨海酔侯《げいかいすいこう》〟と雅号《がごう》する、大酔漢《だいすいかん》にしてしまうことへとつながっていく。

豊信は当初、自らの号に、「忍堂」を選んで己れの境遇に耐えたが、ほどなく〝繋ぎ〟の座から己れを解き放つ使者が、遠い太平洋の彼方からやってきた。ペリーの来航であった。

「喜ぶべし、われに股肱有り」

日米和親条約をめぐる政局の中で、にわかに土佐藩主としての、豊信の地位が実権をともないはじめる。

なかでも隠居豊資の諒解を得て、着手した藩政改革はその声価を大いに高めた。この改革を推進するにあたり、豊信が最も頼りとしたのが、才識手腕抜群の**吉田東洋**と謹直忠誠の**小南《こみなみ》五郎右衛門**（実名・良和）の二人であった。

「喜ぶべし、われに股肱《ここう》有り」

豊信はそういって、名目だけの藩主就任以来、はじめて愁眉《しゅうび》を開いた。

嘉永六年（一八五三）七月に大監察（大目付）となった東洋は、十一月に参政（仕置役）に昇進。事実上の、藩政を取りしきる立場にたった。

一方の小南は、水戸藩の名望家・藤田東湖《ふじたとうこ》に「古《こ》大臣の風あり」と批評されたほどの人物で、同年十月、藩主の側用役《そばようやく》に抜擢され、四六時中、藩主・豊信のかたわらにありつづけた。藩主としての実権を手にした豊信は、今度は解放感から酒量を大いに進めたが、これを面《おもて》を犯して忠告諫言したのは小南であった。

こうした主従の前に、時局は安政三年（一八五六）七月、ハリスがアメリカ総領事として下田に来任する事態がつづいた。政局は日米修好通商条約をめぐって紛糾《ふんきゅう》し、これに将軍継嗣《けいし》問題がからんだ。豊信はその一方に、積極的に荷担していた。これはその藩主就任の経緯を考えれば、もっともとうなずけるものであったに違いない。

ペリー来航以来、海外情報収集量や分析、侍《さむらい》としての行儀作法、伝統美などでアメリカ側を心服させ、交渉をどちらかといえばリードしていた幕府も、根本の外交経略が定まらず、彌縫策《びぼうさく》に終始するその定見のない応対ぶりに、心ある日本人の多くは、それまで忘れ去っていた京都の朝廷に、注目するようになった。

日米修好通商条約を、ハリスに押し切られるように調印したものの、国内世論の反対を考慮した幕府は、これまで政治に参加させることもなかった朝廷へ、勅許《ちょっきょ》を仰ぐことを考えた。後世からみれば、幕府の幕末における最大の失策といってよい。しかし、その危険性に気がつく者は稀《まれ》で、多くの人々はこの条約勅許問題にからんで、次期将軍をめぐる人事を注視していた。

土佐藩が非常時に際して、三歳の鹿次郎ではなく、二十代半ばの豊信を選んだように、幕府にあっても、ときの病弱な将軍家定《いえさだ》（十三代）では心許《こころもと》ない、と考える人は多かった。

次期将軍には、有能の誉《ほま》れの高い御三卿の一・一橋慶喜《よしのぶ》（水戸藩主・徳川斉昭《なりあき》の実子）を擁立しようとするグループが形成され、それを〝一橋派〟と呼んだ。なお、〝一橋派〟の中心人物は、土佐藩のお家騒動の中でみた、薩摩藩主の島津斉彬であり、賛同者には土佐藩の危機を救ってくれた宇和島藩主・伊達宗城もあった。いきおい、山内豊信は、こちら側の陣営の人とならざるを得ない。

この一橋派に恐れを抱いたのが、本来、幕政を司《つかさど》るべき譜代の大名たちであった。

彼らからすれば、政治に参与できるのは自分たちだけ、との誇りもある。譜代筆頭の彦根藩主・井《い》伊《い》直弼《なおすけ》を阿部の対抗馬に担《かつ》ぎ出し、血統的には一橋慶喜以上に将軍家に近い、〝御三家〟の一・紀州徳川家の徳川慶福《よしとみ》を擁立《ようりつ》。〝南紀《なんき》派〟を形成した。

両派の暗闘は一年半に及び、ついには南紀派が勝利をおさめる。

これには一橋派の盟主《めいしゅ》・阿部の三十九歳での急逝、反対派の井伊の大老就任が、その原因として挙げられたが、一橋派は島津斉彬をのぞくと、皆、書生じみた活動しかできなかった点こそ、最大の敗因ではなかったか、と筆者はみている。当然のように、勝利した井伊大老の、反対派への弾圧がはじまった。そうした中、豊信は勇敢にも幕府へ公然と喧嘩を売るにいたる。

大坂の警備を幕府から命じられた豊信は、任務完遂のために、と九ヵ条を列記して幕府へつきつけた。要約すれば、砲台の設備に幕府の補助を求め、銃や艦船の供与を述べ、そのためにも七年間の江戸参勤、その他の一切の公務を免除するよう迫り、警備の拠点として必要なので、幕府の土地＝天領である伊予の川江を譲与してほしい、と悪びれる様子もなく申し出た。

加えて警備上、大坂を焼き払いたい、という途方《とほう》もないことまで願い出るありさま。

これは明らかに、井伊大老への当《あ》てつけであった。案の定、提出された豊信の意見書は、幕府への不穏な言文と指摘され、却下されている。

このころ、島津斉彬は国許薩摩にあって、藩兵の武装上洛の準備を急いでいた。

だが、彼は急逝《きゅうせい》し、朝廷に働きかけた水戸藩への密勅《みっちょく》降下も、井伊大老の弾圧の前に封じ込められてしまう。斉彬亡きあと、豊信も無事ではすまされない。井伊大老は縁戚関係にあった伊達宗城を責めて、宗城本人を隠居させるとともに、彼をして豊信へも隠居を勧告させたのであった。

東洋の復活

さて、「驕慢独智《きょうまんどくち》」と評された東洋は、この間、どこで何をしていたのであろうか。

野にあった四年の間、彼は私塾「少林塾《しょうりんじゅく》」(鶴田塾)を主宰し、若い藩士を教え、塾生を将来の藩庁エリートたるべく鍛えた。

のちに自らの後を継ぐ後藤象二郎《ごとうしょうじろう》(東洋の甥)、福岡藤次《ふくおかとうじ》(のちの孝弟《たかちか》)、乾《いぬい》(のちの板垣)退助《たいすけ》。さらに、末席には郷士の身分も失った地下浪人の岩崎弥太郎《いわさきやたろう》(のちの三菱の創業者)もいた。

やがて東洋が藩財政の窮迫によって、藩政に迎えられたとき、彼らもまた藩の中枢に参画することになる。世間では彼らのことを、「新おこぜ組」と称した。

——東洋は、時勢《じせい》に招かれるようにして復職した。

四十三歳で仕置役に返り咲いた彼は、複雑であった藩士の身分制を簡素化し、とくに上士を家老—

中老—馬廻り—小姓組—留守居の五等級に分け、藩兵の編成にあたっては民兵をも導入。兵籍五年で武士の待遇が得られるようにし、成績優秀者には累進を可能として、大隊長までいけば郷士にも、藩士身分に昇任できるよう取り計らった。

画期的といってよい。さらに東洋は、財政基盤の確立を目指した。

短期日に土佐藩は一新したが、何事にも反対者は存在した。彼ら保守派はことあるごとに、東洋の政治に容喙《ようかい》し、そのスムーズな藩運営を阻害した。また、大老・井伊直弼の大弾圧を利用して結成された土佐勤王党も、東洋にとっては悩みの種であった。

武《たけ》市《ち》半平太《はんぺいた》、吉村寅（虎）太郎、中岡慎太郎、坂本龍馬たちは、主君・容堂の復権を大義名分に、結党《けっとう》の盟約書を作成。百九十二名の同志を得、加えて事情により加盟できなかった者およそ百名前後の支持も受け、土佐藩内に一大勢力を形成した。

しかし、彼らの多くは身分が低く、藩政に直接の参画ができない。そこで敵の敵は味方と、保守派との連立を画策。圧力団体のように、東洋に働きかけるが、しょせんは書生論として相手にされない。

それほど東洋の藩政は、重厚で隙のないものであった。

「このままでは、勤王の実を薩摩や長州にもっていかれてしまう」

焦りを感じた武市は、土佐勤王党の党員を教唆《きょうさ》し、文久《ぶんきゅう》二年（一八六二）四月八日、東洋暗殺を断行した。東洋はその偉業半ばにして、この世を去らねばならなかった。享年四十七。

実に惜しい人物を、土佐は、ひいては日本は失ったものだ。

これにより藩政に加わった武市たち土佐勤王党は、土佐藩を薩摩、長州に負けない勤皇方の藩として倒幕を目指すが、土佐を取りまく環境は、目紛《めまぐ》るしく流転した。

翌文久三年八月十八日、幕府の出先機関・京都守護職をつとめる会津藩と薩摩藩がひそかに手を結び、クーデターが決行される。一夜にして、長州系公家たちは廟堂から追い落とされてしまった。

これに反発した長州は、武装上洛を断行し、元治《げんじ》元年（一八六四）七月十九日、禁門の変（蛤《はまぐり》御門の変）が勃発する。長州は敗れ、すぐさま行われた第一次長州征伐を受けて降参。

この動きに連動して容堂は、ついに武市一派を失脚させ、亡き吉田東洋の教えを受けた者共＝「新おこぜ組」の再登用へ踏み切る。武市は慶応《けいおう》元年（一八六五）閏《うるう》五月十一日、切腹を命ぜられた。享年三十七。

幕府再建に、土佐藩の方向を打ち出した容堂であったが、時勢は薩長同盟の締結で再び一転。後藤象二郎の建策により、大政奉還論《たいせいほうかんろん》を推進するが、これもぎりぎりのところで王政復古の大号令に敗れ去る。

明治以降の容堂は、好きな酒を好きなだけ飲み、余生を遊び呆《ほう》けた印象が強い。明治五年（一八七二）六月二十一日、この世を去っている。享年は四十六であった。

もしも東洋が生きてあれば、土佐藩の進むべき道は大きく変わっていたように思われてならない。〝名家老〟はときに、藩を超えて日本史全体に影響を与えるもののようだ。

非常手段に訴えた藩政改革の立役者——薩摩藩・調所笑左衛門《ずしょしょうざえもん》

天文学的数字の赤字財政

幕末維新のおり、〝雄藩〟の薩摩藩七十二万九千石余（表高）が官軍の主力と成り得たのは、同藩に豊富な資金力があったからだ。もし、財力がともなっていなければ、いかに討幕の志を燃やしても、完遂はできなかったであろう。

薩摩藩は外様で、二番目の大藩であったが、維新回天の大業を成し遂げる、ほんの少し前までは、他藩と同様に——否、外様の大藩ゆえにより一層、財政悪化は酷く、幕藩体制の構造的矛盾から、ついには天文学的数字の赤字財政に悩まされていた。

藩財政を破綻させたのは、豪気かつ英邁《えいまい》すぎた八代藩主の**島津重豪**《しまづしげひで》が出現したからであった、といわれている。宝暦五年（一七五五）、重豪はわずか十一歳で藩主となり、天保四年（一八三三）、八十九歳で往生するまで、およそ七十年余ものあいだ薩摩藩の実権を握りつづけた。

しかも、十八歳で御三卿の一・一橋宗尹《むねただ》の娘を正室に迎え、さらに娘の一人が徳川十一代将軍・家斉《いえなり》の正室となったことで、重豪は外様大名ながらも将軍家の岳父《がくふ》として、幕閣内でも隠然たる影響力をもつようになった。

彼を指して世人は、

「高輪下馬将軍」

と呼んだほどで、芝高輪の薩摩屋敷には訪問者があとを絶たなかった。

藩主重豪は語学の才にめぐまれ、中国語をよくしたと伝えられるが、やがて長崎をとおして、西欧文明へとその好奇心は傾斜し、拡大していったようだ。

幕末期に〝蘭癖《らんぺき》〟という語が流行したが、この時代、日本では外国との交易は、対馬、琉球（現・沖縄）を除けば、唯一、公式には長崎だけが認められており、ここにオランダ人がやって来たことから、蘭癖大名は当世風には、〝オランダかぶれ〟とでもいえようか。その意味で重豪は、蘭癖大名の偉大なる先駆者であった。

なにしろ彼は、シーボルトら外国人と積極的にまじわり、その新奇を理解できる進歩的、開明的な頭脳をもっていた。安永《あんえい》二年（一七七三）には、藩学興隆のために藩校「造士館」や「演武館」（武術・武道の稽古所）を創設し、また、医学院や天文館（天文観測や暦作成のための施設。別名「明時館」）を開設。独自に薩摩暦をつくるなど、頻繁に開明政策を推しすすめた。

さらには、長崎から外国の書物や器械類を、金に糸目をつけずに購入したばかりか、自身の生活にしても、はなはだしく豪奢《ごうしゃ》をきわめた。

天明《てんめい》七年（一七八七）、重豪は四十三歳で隠居すると、家督を嫡子の斉宣《なりのぶ》に譲ったものの、藩政の実権は依然、掌握したままであった。

厄介な政務からははなれて、身軽な隠居の立場でこれまで以上に、欧米の知識・物産を輸入したかったのであろう。当然のことながら、生活苦に日夜悩まされてきた薩摩隼人たちは憤り、世にいう〝近思録崩《きんしろくくず》れ〟（秩父《ちちぶ》崩れ）という、お家騒動を引き起こした。

文化《ぶんか》五年（一八〇八）、重豪は家老・秩父季保《すえやす》以下の同志十三人を切腹させ、そのほかは遠島、免職、謹慎などに処し、翌六年、藩主斉宣を三十七歳の若さで更迭隠居させると、その嫡子・斉興《なりおき》（十九歳）を藩主につけ、ここに〝近思録崩れ〟を終息させる。

しかし、この間にも薩摩藩の財政は逼迫の度を深めており、文化四年の時点ですら、薩摩藩の負債はすでに百二十六万両にもなっていたのである。今日の貨幣価値に換算すれば、五百億円にもなろうか。もっとも、この百二十六万両もの負債をすべて、重豪ひとりの責任に帰すのはあたらない。

調所笑左衛門

よく知られているように、徳川幕府は諸大名に対し、諸課役を各々の総石高に応じて割り当てた。江戸城や駿府城・大坂城などの修理や普請、諸河川の治水工事といった具合にである。

加えて参勤交代にも、なみなみならぬ出費を強いている。

薩摩藩では元和二年（一六一六）の二万両の負債を皮切りに、寛永《かんえい》九年（一六三二）十四万両、寛延《かんえん》二年（一七四九）には六十万両と、重豪が藩主に就任するまでに、すでにこれだけの藩債があったのである（約二百四十億円）。また、重豪が藩主になってから、多くの災害にも見舞われている。

安永元年（一七七二）、江戸桜田藩邸の類焼、同八年の桜島の大噴火による田畠の大損耗。天明元年（一七八一）には江戸芝藩邸の焼失に、つづく翌二年と四年の風水害での九万一千石の損害。さらに同六年の、江戸田町藩邸の焼失と風水害による三十九万石の損失などであった。

ところで、薩摩藩七十二万九千石余の経営収入は、このうちの五十万石ほどが家臣たちの知行地である。公地は三十万石たらずであったから、それからあがる米穀その他の産物を換算しても、せいぜいが十五万両程度であった。したがって、薩摩藩の文化四年の負債額百二十六万両は、とてつもなく巨額であったことになる。また、当時の金利は年一割を超えたから、利息だけで年収にもひとしく、とても返済できる額ではなかった。

利息は利息を生む——それから二十年を経た文政十年（一八二七）には、江戸・京都・大坂に南都（奈良）を加えて合計すると、借財はなんと五百万両（銀にして三十二万貫余）にも膨れあがっていた。こうなると商人たちも、さすがに薩摩藩には貸出しをしなくなり、藩では幕府の公用費や家臣たちへの俸給といった日常の経費すら、支弁できなくなってしまう。

参勤交代にも支障を来し、重豪が二分金（現在の二万円ほど）を必要としたにもかかわらず、江戸の藩邸の何処にも、この金がなかったというエピソードも残されている。

領内では当然のごとく、苛斂誅求《かれんちゅうきゅう》がすすみ、農民たちはあらゆる名目のもとで徴税された挙句、ついには親子三人が飢え死にした、との話も残った。

非常手段を断行させたもの

もし、この天文学的数値の負債をかかえたまま、幕末維新を迎えていたなら、おそらく薩摩藩は、後世に称えられたような活躍は到底、不可能であったろう。

さすがに、思案にあまった重豪はここにいたって、側用人で至誠一貫の人、**調所笑左衛門**《ずしょしょうざえもん》**（広郷**《ひろさと》**）**を、勝手方重役＝家老待遇に抜擢すると、財政再建に自ら乗り出したのであった。

笑左衛門は安永五年（一七七六）の生まれであるが、十五歳のときに茶坊主として勤めに出た、という――この出自も定かではないが――その程度の経歴しか、知られていない人物であった。逆にいえば、この程度の人物に危急存亡の、藩財政の再建を任せたことになる。

まさに、破天荒の人事といっていいが、おそらく他に受け手がなかったのだろう。

重豪と笑左衛門の主従は、考えあぐねた末に、当時、経済学者として世に知られていた佐藤信淵《のぶひろ》に相談をもちかけ、その建策を得て、十年がかりで藩財政の再建にとりかかった。

今日風にいえば、破産寸前の企業が名経営コンサルタントに縋《すが》るようなもの。ときに文政《ぶんせい》十年（一八二七）、重豪八十三歳、笑左衛門は五十二歳であった。

笑左衛門自身は、このときのことを次のように述べている。

私（笑左衛門）は成り上り者であるから家老は出来ませぬと、その時は側詰で家老同様で三役の中に這入《はい》ってゐ《い》るが、どうしても家老は出来ぬと御断《おことわ》りした。是非仰付《おおせつけ》らるるならば、人はどう言ふとも一切御取上げにならないで、御役御免といふことがあっては出来ませぬ。どういふことがあっても御免にならなければ家老を勤めませふと、君公(重豪)も非常に困られた場合であるから、宜《よろ》しいといふことで、決して役職を免せぬといふ直書を与へられて家老になった人である。(『史談会速記録《しだんかいそっきろく》』)

藩財政再建に関する信淵のアドバイスは、およそ次のようなものであった。

一、今後十年の間に積立金五十万両をつくること
二、藩の物産をはじめとし、あらゆる面での積極的な収入増加をはかること
三、これまでの借入金を帳消しにする算段をすること

彼の狙いとするところの第一は、このたびの改革は容易なことでは達成はできない。したがって、ときには政策上で、公儀の特別な許可、場合によってはお目こぼしを求めねばならぬこともあろうから、そうしたことの対策用にも、貯えが必要というのである。

次の藩収入の増加策は、いうまでもないことで、この中には公儀に願い出て、琉球を経由して清(中国)貿易を実施することから、物産の品質改良や収穫ロスの防止、家中一同の倹約励行、蔵入十五万両で賄《まかな》える藩財政の予算化などが含まれていた。

ところで、右のことにも増して難事は、第三の、これまでの借入金、つまり、古証文の帳消しであ

ろう。さしもの信淵にも五百万両という途方もない借金は、どう算段しようとも、まともに返済できる道理はなく、貸方のほうにしても諦めの気分があるはず、と読んでいたようである。

そうした建策を信淵が、重豪・笑左衛門主従に示したのは天保《てんぽう》元年（一八三〇）のことで、笑左衛門はただちに十年を目標としての、財政再建にとりかかることとした。

彼は信淵の建策の中で、最も取り組みやすい事項から手がけることとし、まずは藩内穀物のロスの防止、物産の品質改良と収益増加をはかる――米やその他の穀物の包装を厳重にし、物産の量産化と藩の一手販売＝専売化を実施した。

なかでも、薩摩藩における物産中、黒砂糖は藩の最大の財源であったから、早くからこれの専売制を実施していた（安永六年＝一七七七）が、笑左衛門はさらにこれを徹底すべく、藩の専売制に反して密売する者には死刑などの思い切った処罰をもって臨むことにした。

そして次には、琉球を介しての中国貿易を幕府に願い出ている。これには相応の賄賂も使ったであろうが、やはり重豪の隠然たる政治力が幕閣を動かした、とみるべきであろう。年額三万両を限度とする、貿易の許可がおりている。

五百万両の藩債整理

こうして財政建て直しの曙光《しょこう》がみえはじめた天保四年（一八三三）、正月に重豪は江戸高輪の藩屋敷で没し、藩主斉興の親政となったが、斉興もまた笑左衛門を全面的に重用し、すでに敷かれていた財政再建の道を自らもひた走ったのであった。

――天保六年、笑左衛門は最大の難事の五百万両の藩債整理にいよいよとりかかる。

彼は、これまでにも何かと金子《きんす》を用立ててくれた、大坂の商人・浜村屋孫兵衛を味方に、三都ならびに国許の商人たちと交渉に入った。〝古証文〟の書きかえを理由に、笑左衛門はこれまでの借用証文を集めると、これらをことごとく火に焼《く》べ、いけしゃあしゃあと二百五十年賦、無利子償還――すなわち、五百万両を二百五十年かけて、無利子で返済するという、身勝手で虫のいい、返済計画を一方的に商人たちへ押しつけた。

一年にして二万両――実質上は、五百万両の借金の踏み倒しといってもよかったろう。

当然のごとく、豪商たちは納得しない。この非常識きわまる手段を、お上に訴え出たわけだが、町奉行所はいずれの訴えも門前払いにするありさま。

町奉行に、亡くなったとはいえ将軍の岳父＝重豪を裁《さば》けるほど、腹のすわっている人物はいなかった。もし、訴えを受理すれば、幕閣はその奉行を更迭したに違いない。

結果として、多くの倒産者を出してこの一件は落着した。

笑左衛門はこうした非常手段を講じる一方で、藩財政の根本的再建と将来のために、生産物の合理化策を推進。たばこ、椎茸《しいたけ》、硫黄、牛馬皮、捕鯨、櫨蠟《はぜろう》、鰹節、製塩など、多種多様の物産を開発していった。とくに、奄美の黒砂糖については、品質管理を強化し、薩摩藩の黒砂糖の相場を高めている。

さらに特記すべきは、奄美では田をつぶして黍作《しょさく》（あわよりやや大粒のきび作り）を奨励し、租税は「貢糖《こんたん》」（砂糖で払う）。ほかの砂糖は一斤《きん》（約六百グラム）につき三合三勺《しゃく》（相場は六升）の米価で買い上げ、のちには〝羽書《はがき》〟という手形支払いに切り替え、島民には物品支給という仕組みを強要した。こうなると島民への搾取以外のなにものでもなかったが、再建の成果は如実であった。

藩の黒糖収入は二百三十五万両にものぼり、改革前十ヵ年にくらべ九十九万両の利潤増となる。重豪―笑左衛門の主従ではじめた藩政の〝天保の改革〟は、十年で見事に成功した。

天保十一年には、積立金五十万両が鹿児島と大坂の藩庫に収められ、同十五年にはこの非常用積立金が百五十万両となって、江戸、大坂、国許の三ヵ所に蓄えられたという。

ところが嘉永《かえい》元年（一八四八）十二月十八日、笑左衛門は改革中の――密貿易などの――責めを一身に負う形で、自刃を余儀なくされた。ときに、七十三歳であった。

誰かが、虐げられつづけてきた領民に対して、責任を取らねばならなかったのかもしれない。

また裏には、重豪に気質のよく似た世子・島津斉彬《なりあきら》の、藩主就任を笑左衛門が阻止しつづけてきた、その両者の確執があったとも伝えられている。

が、笑左衛門は己れの身一つで、薩摩藩を守った。完璧な〝名家老〟などいない。体を張って、自らの政策に殉じた笑左衛門は、まぎれもない〝名家老〟に数えるべき人物といえよう。

明治維新を肯定する人々は、この人物の名を忘れてはなるまい。

逆命利君《ぎゃくめいりくん》の家老——備中松山藩・山田方谷《やまだほうこく》

備中松山の農民

もし、戦国・江戸期を通じての、最高の財政家は誰か、と問われれば、筆者は迷うことなく**山田方谷**《やまだほうこく》の名をあげる。〝日本のケインズ〟と呼ばれた方谷は、現在の岡山県人であった。

江戸時代後期、現在の岡山県には、大名家が十一藩もあった。大は岡山藩三十一万五千石余から、小は備中岡田藩一万石まで。この中で、現在の岡山県高梁《たかはし》市に備中松山藩板倉家五万石があった。日本史に多大な影響を残した山田方谷は、この藩領に生まれている。通称を安五郎、諱《いみな》を球《きゅう》、字《あざな》を琳卿《りんけい》、号を方谷といった。

〝名家老〟として彼は、松山藩を采配したのだが、その出自は行灯《あんどん》の油を製造販売し、一方で農業を営んでいた「五郎吉」という農民の、長男でしかなかった。

それがやがて、松山藩一藩の財政再建を一手に担い、この難問を発想の転換で成功へ導き、八年で負債十万両（原本）を蓄財十万両に変えた。この奇跡のような成功で、方谷は全国の諸藩士から思慕《しぼ》されるようになる。

のみならず、方谷はついには幕府の顧問にまでなった。きわめて、異数な経歴の持ち主であったといえる。

蛇足ながら、現在でも、JR伯備線に「方谷駅」があるが、この駅名は、山田方谷を敬愛する後世の人々が、かつて鉄道省と交渉し、全国ではじめて人名を駅名としたことで、一部には知られていた。

方谷の家は、名字帯刀を許された旧家であったというが、方谷の曾祖父の代、村の寺の住職を斬殺し、曾祖父自らも割腹《かっぷく》して果てたことから、家の全財産は没収され、一家は所払いをうけて瓦解《がかい》したという。

それだけに、家の再興への執念は凄まじく、約二十年を経て帰村した方谷の祖父も、父母も、方谷に学問をさせ、お家を再興させるために、自分たちは粗食と重労働を担いつづけた。

そうした無理がたたったのだろう。母が十四歳のおり、次いで父が十五歳のとき、相次いでこの世を去ってしまった。方谷は家業を継がねばならず、一時は学問をあきらめた。

山田方谷

もし、このまま何事もなければ、方谷は製油業にいそしみ、商人として多少の才覚は発揮したであろうが、到底、のちの足跡・名声を残すことはできなかったに違いない。

松山藩主・板倉勝職《かつつね》が方谷の学才を惜しみ、二人扶持の奨学金を出して、藩の学問所で学べる処置をとってくれたのである。すでに十七歳で嫁をもらっていた方谷は、二十歳で再び学問の世界へ帰ってきた。

二十三歳で京都へ遊学。二年後、藩により名字帯刀を許され、八人扶持。中小姓格となって、藩校「有終館」の会頭（教頭）を命じられた。方谷はここで、ようやく正式に武士となった。

その後、三度目の遊学で、彼の学問は朱子学から陽明学へと移っていく。

この学派は一面、官製の朱子学の立場からいえば、禁断の思想であったといってよい。少し陽明学について、述べておきたい。

源《みなもと》は陽明学

陽明学の祖・王陽明《おうようめい》（一四七二〜一五二八）は、中国・明の学者であった。名を守仁《しゅじん》、浙江省余姚《せっこうしょうよよう》の生まれ。若い頃は学者の片鱗《へんりん》もうかがえないような放逸無頼《ほういつぶらい》であり、任《にん》侠《きょう》道《どう》に迷い込み、武術に熱中し、そして詩などにも惑溺《わくでき》している。はては仙人の法についても真剣に研鑽《けんさん》したといい、仏法、道教にも興味を示したが、とどのつまりは儒教に落ち着いた。

とはいっても、陽明は仙人の学問を継承するには覇気《はき》がありすぎ、従来の儒教（朱子《しゅし》学）に飽き足らなくなって、独自の学派を開くにいたった。

朱子学が学問の傾向として帰納的であるのに対して、陽明のはじめた学派は、その個人的な資質からも明らかなように、演繹《えんえき》的であったから、後世の人々には、行動の理論を形成するうえでは便利であったに違いない。

人生はさまざまだが、所詮《しょせん》は喜怒哀楽の域を出ないものと悟った陽明は、開き直るように、ではいかに人は生きるべきかの原理・原則を樹立しようとした。

そして誕生したのが、「知行合一《ちこうごういつ》」――知識と行動は一致していなければならない、とする激越な思想であった。

「知ることは行うことの初めであり、行うことは知ることとの完成である」

このきわめて行動力に富んだ聖人の学問は、一方で人間を行動に駆りたてる狂気のような電磁性をもっていた。現世において、己れの生命《いのち》をどのように燃焼させるか、を思考するこの学派は、結論さえ得られれば全身を炎と化し、まっしぐらに突きすすむ。

加えて、この学問は積めば積むほど、正義感が溢れ出し、己れ以外にこの世を救える者はいない、との矜持《きょうじ》をもつようになり、その結果、人知れぬ孤独感と悲壮感に苛《さいな》まれる。

――方谷は、この陽明学にどっぷりと浸かった。

王陽明の語録『伝習録《でんしゅうろく》』をむさぼるように読み、若干の条項を抄出《しょうしゅつ》し、自ら序文まで寄せている。

陽明学によって実践家としての目を開かれた方谷は、江戸に出て陽明学を信奉する大儒、幕府の昌平坂学問所（昌平黌《こう》）の教授・佐藤一斎のもとに改めて入門。一斎の塾は「左門《さもん》」と通称されたが、方谷は信州松代藩の藩士・佐久間象山《さくましょうざん》と並び、

〝左門の二傑〟

と称されるまでになる。

学問中、天然痘にかかって九死に一生を経験し、やがて学を修めて三十二歳で郷里へ戻った方谷は、

藩校の学頭（校長）となった。

時代は天保の大飢饉、陽明学者として著名な大塩平八郎の乱。そして隣国清とイギリスとの間で勃発した阿片《アヘン》戦争、幕府の天保の改革の失敗——方谷の身辺は多事多難、慌ただしさが増していた。

そして、四十歳の方谷のもとへ、桑名藩松平家より藩主家の婿養子に入った板倉勝静《いたくらかつきよ》（寛政の改革を指揮した松平定信の孫）が、二十二歳にしてお国入りをしてきた。のちに、老中筆頭となる人物である。

その若君・勝静へ学問を教え、藩の軍制改革と洋式砲の製造、伝授にもあたった方谷は、嘉永《かえい》二年（一八四九）に藩主の座に正式についた勝静より、その人物を見込まれ、藩の元締役及び吟味役の兼務を命ぜられる。藩財政の一切をまかせる、というのだ。方谷はこのとき、四十五歳であった。

藩の重役は驚愕し、混乱した。無理もない。一介の学者（それも、もとは一農民）が藩の門閥を飛び越えて、いきなり藩財政の全権を握るというのである。当然のことのように、揶揄罵倒《やゆばとう》が方谷に集中した。しかし、一度決したからは、どこまでもやり抜くのが陽明学であった。

奇跡のような妙手《みょうしゅ》

方谷は藩の帳簿を調べ、藩財政が全体の収支決算すら計算していないことを知る。

天災飢饉や不時の支出のたびに、後先を考えずに豪商、豪農から借金して、負債の山を築きながら、抜本的な改革には一切手をつけず、藩士の年俸を強制的に借り上げ、農民には年貢に加えて「高掛《たかかけ》米《まい》」という臨時の税を課す、という無責任な財政処置が取られつづけていた。

その結果、雪だるま式に増えた借財の総額はついに、十万両を超えていることも判明する。

なによりも方谷が目を疑ったのが、表高五万石の松山藩が、その実高においてこの三年平均で、年貢米を一万九千三百石しか収穫していない事実であった。

表高の五分の二にも満たない。このなかから藩士や領民への払い六千石を引けば、残る財政は一万三千石余。これを金に置き換えれば、約一万九千両にしかならなかった。

この元本から国許の諸費用（三千両）と江戸藩邸の維持費（一万四千両余）、大坂・京都での諸入用（一千両余）を差し引くと、まったくといっていいほど藩にはお金が残らなかった。

森林の木材を売り、高梁川《たかはしがわ》の河川通行料などの雑収入を借金の利子にあてではいても、借入金本体はいっこうに減らず、毎年九千両ほどの利子が新たに派生し、加算されていくことも知れた。

十万両の借財と毎年加えられる利息九千両――これらをどうするか、が方谷の最大の懸案となった。

これほどの、累積赤字である。いかに倹約令を出したとしても、所詮は焼け石に水――。

「節約などでは、到底追いつけぬ」

方谷は雪だるま式の負債を返却するには、米本位の経済では不可能であり、金本位の経済をもって償却するしかない、と腹を括《くく》った。そして導き出したのが、金本位への転換であった。

嘉永三年（一八五〇）三月、藩主勝静の帰国を待って藩政改革の大号令が発せられた。

方谷は自身で大坂に出向き、金を借りた豪商、銀主たちを一堂に集め、自らの調査による帳簿を彼らに見せ、松山の実情を語った。

無論、藩再建の計画が用意されていなければ、豪商たちも納得しない。このとき方谷が語った計画は、それこそ幕藩体制下の経済を、根底からひっくり返すほど激しいものであった。

「大坂の蔵屋敷を廃止する」

方谷の一言は、商人たちを震えあがらせるのに十分であったろう。

彼は収穫した米を松山藩の領内で保管し、藩にとって有利な米相場でこれを売り、負債はそのまま現金で支払うという方式を考えついた。コロンブスの卵である。しかし、このことに気がついた大名家の経世家《けいせいか》は、皆無であった。

担保に入れていた蔵出の抵当をぬき、一時、十万両の借金を棚上げして返済にあたる、との方谷の計画は、綿密な返済明細により豪商たちの反対を押さえ込むことに成功する。

加えて、方谷は新規事業への投資を行った。その一つが、備中備北の良質な砂鉄に目をつけた、「備中鍬《くわ》」の開発であった。これを彼は、藩事業に組み込み、藩財政建て直しの切り札に使おうと考えた。

国許では節約令が出されたが、方谷はこれにあわせて一般の藩士の減俸をはるかにうわまわる率での、俸禄辞退を自ら申し出ている。あわせて、山田家の家政をガラス張りにした。

藩主勝静は、方谷に報いるべく加増を沙汰したが、方谷は上級藩士の反発に配慮し、その地位の拠り所たる家禄を刺激しないように、辞退しつづけた。

人材登用には自らの弟子を中心に、身分にかかわりなく良質の才能を抜擢している。

大坂の蔵屋敷廃止にともない、領内四十ヵ所に貯蔵が分散して設けられ、これは飢饉のおり、民百姓を救う「義倉」ともなった。「撫育局《ぶいく》」が新設され、領内の年貢米がこの役所に一括集中して管理されて、米相場の変動をみながら、方谷はこの米を売買し、年間四千両から年によっては七千両の利益をあげた。

方谷の改革は中級以上の藩士と豪農・豪商には厳しいものであったが、逆に下級藩士や一般の農民を保護する配慮がなされており、賄賂や接待が禁じられたことにより、飢饉のおりの餓死者がなくなって、百姓一揆も領内から影を潜めた。

幕府瓦解を予言

一方で「撫育局」は、高梁川対岸の近似村《ちかのり》に鉄製品の製造ラインを設け、「備中鍬」をはじめ、ありとあらゆる農具を製造し、製品は近い大坂ではなく、遠い江戸にわざわざ回送された。大坂商人による中間搾取を、方谷は警戒しての配慮だった。無論、船も藩の直営である。煙草の「松山葉」も、檀紙も、名菓「柚餅子《ゆべし》」も江戸ルートの後につづいた。

藩政改革は成功した。三年目で一万両を超えた利益は、翌年には五万両近くに迫る。

成果をみながら、方谷は信用を失っていた藩札＝五匁札《もんめさつ》を藩庁により買い取ることを領内にふれた。

方谷の端倪《たんげい》すべからざる凄味は、殺到して換金（銀）した銀も、やがて循環し、次の経済の芽を育むことにつながっている、との理解を持っていた点であった。

嘉永《かえい》五年（一八五二）＝藩政改革がスタートした三年目の九月、方谷は買収しつづけた藩札を公衆の面前で焼却してみせた。他領からも多数の野次馬が集まり、その宣伝効果は絶大であった。方谷はこのセレモニーを経たうえで、鉄製品の生み出した巨額の利益の一部をさき、札座《さつざ》に両替準備金を積み立て、新しい藩札「永銭《えいせん》」を三種類、大々的に発行した。

一時は藩庫の底をつくかにみえた正貨が、今度はおもしろいように積み上げられていく。

翌嘉永六年六月、ついにペリーが来航し、日本はいよいよ本格的な幕末を迎えることになるのだが、松山藩はこと財政的には微動だにしなかった。方谷は領内の雪害の地へ、藩士を移住させて、開墾にあたらせるという「屯田兵」のさきがけも考案、自らも参加して、これを実行へ移した。

藩政改革の五年目には、藩士への増俸を行い、百姓への課役を減らし、商工人に対する融資まで行っている（八年で十万両の負債を十万両の蓄財に変えることに成功した）。

その方谷の目に、幕府はどう映ったのか――。

安政二年（一八五五）、軍制改革にまねいた津山藩士を慰労する酒宴の席で、

「ご公儀（幕府）を衣にたとえると、家康公が材料を整え、秀忠公が裁縫《さいほう》し、家光公が初服した。以後、代々の将軍がこれを襲用したので、吉宗公が一度洗濯し、その孫の老中・松平定信さまが再び洗濯した。しかし、以後は傷みと綻《ほころ》びがはなはだしく、新調しなければ用にたえなかった」

と方谷は言い、対座した者から、

「三たび洗濯したら、いかがなものか」

と問われると、彼は再び口を開いて、

「布質はすでに破れ、もはや針線にはたえれまい」

と答えたという。

まだ日本国の何処からも、倒幕（むろん討幕も含め）の声が聞かれない時点での発言であった。

この間、藩主勝静は方谷の財政好転に支えられ、多額の出費を必要とする幕閣での昇進をつづけていた。だが、老中への栄達コースである寺社奉行に、賄賂が必要になったと聞かされた方谷は、これをきっぱり拒絶している。賄賂がなければ出世できないなら、それはそこまでの話ではないか、と方谷は面とむかって勝静に言い切った（のちに、勝静は賄賂なしで寺社奉行に就任している）。

そのため、主従にはじめて亀裂が生じ、それに反方谷派が荷担して、一時期、方谷は逆境にたたされたが、この陽明学の徒はそれしきのことで挫折したりはしない。私生活でも三度結婚し、ようやく安住を得た経過もあった。

方谷は改革の成功をみとどけ、元締役を弟子で藩士の大石隼雄《はやお》に譲り、自らは一線を退き、やがて城下から遠く離れた（十二キロ）深い山中（のちの長瀬）へ移り住む。安政六年（一八五九）のことであった。その方谷のもとへ、全国から前途有望の士が慕い、集まってくる。越後長岡藩七万四千石の牧野家の家臣・河井継之助《つぐのすけ》も、訪ねてきた一人であった。

また、一度は大老・井伊直弼のために失脚した藩主・板倉勝静が、桜田門外の変で井伊の横死により、幕閣へ寺社奉行として返り咲いた。文久元年（一八六一）のことである。

以来、勝静は本来の定められた昇進コースである京都所司代や若年寄をつとめることなく、いきなり異例の抜擢を受けて老中に登った。勝静はすぐさま方谷を江戸へ呼び寄せ、顧問として幕政に参与させた。が、方谷は、腰のすわらない幕閣を痛烈に批判。ついには、主君勝静へ老中辞任を進言するにいたる。

だが勝静は、辞表を一度は書いたものの、説得されるとコロリと翻意してしまう。五十九歳になっていた方谷は、主君への強い不信をつのらせ、帰国すると、長瀬での開塾事業のつづきに従事する。

一方、方谷という羅針盤を失った勝静はやがて、十四代将軍・徳川家茂《いえもち》の不興をかい、老中を罷免された。このとき、方谷はこの失意の主君と和解するが、第一次長州征伐での備中松山藩の鉄砲隊が、皮肉にも藩主・勝静の評価をあげ、一橋慶喜（のち十五代将軍）の懇願もあり、勝静は再び老中に返り咲く。

しかし、幕府の命運は如何《いかん》ともしがたかった。首席老中となった勝静は、時勢の移る中、ついには方谷に「大政奉還」の、上奏文の代筆を依頼することになる。

王政復古の大号令がくだり、年が明けると戊辰《ぼしん》戦争が勃発した。老中筆頭を藩主に頂《いただ》く備中松山は朝敵となり、藩内は江戸へ逃げてしまった藩主不在のまま、和戦をめぐって藩論を二分するが、ついには方谷によって「謹慎」の決定がくだされた。

実力二十万石以上といわれた備中松山藩は、慶応四年（一八六八）正月に城を明け渡し、翌年九月に藩再興を許されている。この間、藩主勝静は戦場を転々とし、やがて自訴（自首）して、群馬県上野の安中藩に終身禁固のお預けの身の上となった（明治五年に許されて帰国、同二十二年に没。六十七歳）。

新政府は方谷の卓越した経綸《けいりん》の才を惜しみ、大久保利通《おおくぼとしみち》や岩倉具視《いわくらともみ》などは出仕するように、と再三懇願したが、方谷はそれを受けることはなかった。

明治十年（一八七七）六月二十六日、一代の〝名家老〟——山田方谷は、時勢の移り変わりを見届けて、その七十三年の生涯を閉じた。

第三章
責任の取り方

義を貫き、補佐役に徹した――米沢藩・直江《なおえ》兼続《かねつぐ》

上杉家の最高軍事指揮権を掌握

いかなる役職にも、おのずと限界というものがある。〝名家老〟として、その有能ぶりを後世に称えられた北国《ほっこく》の雄・上杉景勝《かげかつ》を支えた**直江《なおえ》山城守《やましろのかみ》兼続《かねつぐ》**にも、それはあった。

しかも兼続の場合、歴史を変える結末を含んでしまう。

彼の幼名は、与六《よろく》。永禄三年（一五六〇）、越後（現・新潟県）上杉家の臣・樋口惣右衛門兼豊《ひぐちそうえもんかねとよ》の子として生まれている。

生来の利発を、先代の上杉謙信《けんしん》に認められ、抜擢されてその後継者（姉の子）・景勝つきの近習《きんじゅう》となった。資質も謙信に似通うところが多かったようで、平生から謙信同様、学問を好み、宗教を尊《たっと》び、それでいて観念論者にはならず、終始、現実的な政治家としての目を養った。

同様に、戦《いくさ》の神様というべき謙信と日常で接していながら、兼続自身はついぞ、戦いを好む人間にはならなかったようだ。

それでも天正六年（一五七八）三月、謙信が病のため四十九歳で没すると、景勝を擁して、謙信の

もう一人の養子・景虎《かげとら》（実父は北条氏康・その七男）との間に、跡目《あとめ》相続をめぐる紛争を引き起こす。

このとき、兼続はすすんで主戦論を展開している。

妥協して挙国一致をはかってはどうか、との意見も出たが、兼続はあえて妥協策をしりぞけ、一つ間違えば内乱の長期化、他国の侵入＝亡国ともなりかねない、危険このうえない景虎討伐を決意した。

聡明な兼続には、仮に内戦を回避したとしても、小田原北条氏を実家にもつ景虎が、上杉家督相続権を放棄するとは、考えられなかった。妥協の結果、政令二途が生じれば、内戦にも増して上杉家存立は危うくなる。なぜか。権力内部に派閥が生じると、各々は結束し、外敵に当たるよりも派閥間の主導権争いに、血道《ちみち》をあげるようになるからだ。場合によれば、本末転倒して自派勝利のために、外部勢力を恃《たの》むことにもなりかねなかった。

直江兼続

わけても、一方の景虎は、関東に一大勢力を誇る北条氏を背景としているだけに、並立した二頭政治をなしくずしにし、北条氏の越後侵食を許して、やがては吸収・併合という危険性は大きかった。

「当面の安泰を策するより、この際は断固戦って、将来に禍根《かこん》を残すべきではない――」

兼続は冷徹なまでに、戦国の世情を見極めていた。

間もなく天下注視の中で、世にいう、「御館《おたて》の乱」が勃発する。当初、旗色は景虎側が優位であった。

だが、兼続は家中の動揺をしずめる努力をする一方で、〝外圧〟を利用した奇想天外な同盟国外交を押しすすめた。具体的には、北条氏と同盟関係にある甲斐（現・山梨県）の武田勝頼《たけだかつより》（信玄の後継者）に誼《よしみ》を通じ、北条氏を牽制させて時間をかせぎ、その間に雌雄《しゆう》を決する、という作戦を立てた。

この上杉家を二分した抗争は、一年余に及び、領国の一部を外敵から侵食されたものの、景勝が勝利して、結果的に上杉家は一枚岩の結束をかため、景勝の政権を安定させることに成功する。

ときに主君景勝は二十五歳、兼続はわずか二十歳でしかなかった。

天正十年、主君景勝は、兼続の武功に報いるべく、越後の名門・上杉家の宿将のなかでも由緒抜群の、「直江氏」を継がせ、兼続を名実ともに上杉家の宰相の地位に押し上げた。

筆頭家老と考えて、よい。そして間もなく兼続は、景勝からきわめて広範な権限を委譲され、上杉家の最高軍事指揮権を掌握する。

家康、来るなら来い

この年の六月、織田信長が本能寺で横死すると、兼続はこれまでの長い歳月、いかなる勢力にも断固として臣従せず、自力での天下統一を目指してきた謙信以来の、上杉家の伝統をかなぐり捨て、百八十度の転換をして、羽柴（のちの豊臣）秀吉の傘下大名となった。

天正十四年（一五八六）五月、景勝は秀吉の求めに応じて、兼続とともに四千の兵を率いて上洛している。

この時期、秀吉はすでに中国・四国を手中にし、「関白」に任ぜられて天下人となり、景勝とはその実力において、今やまったく隔絶していた。

ところで、秀吉は初対面から兼続を高く評価していた、といわれている。

天正十六年の上洛に際しては、兼続を上杉家の重臣にもかかわらず、切り離すように従五位下《じゅごいのげ》・山城守に叙任をはかり、豊臣姓の名乗りも景勝とともに許すなど、景勝とひとしい厚遇をもって接した。

また、文禄の役で朝鮮へ出陣した景勝を、帰国後の慶長三年（一五九八）、秀吉は越後から陸奥会《むつ》津（現・福島県会津地方）百二十万石へ移封させたが、このおり兼続には、米沢三十万石を宛てがうよう、とくに命令を出している。

これは、上杉家中に楔《くさび》を打ち込むための深謀遠慮《しんぼうえんりょ》——秀吉は景勝にも心を許さず、兼続をもって景勝牽制を策したのであった。このとき、兼続が望めば、彼は秀吉の直臣ともなり得たであろうし、大名として景勝と競い合う立場にたつことも可能であった。しかし兼続はそうした私利私欲を持たず、どこまでも景勝の臣、上杉家の宰相としての地位に甘んじつづけた。

景勝が会津に国替えとなった年の八月、天下人秀吉は幼い後継者・秀頼を残して没した（享年六十二、三）。その天下を狙ったのが、徳川家康である。彼は天下を取るにあたって、また、背後に憂いなきよう、五大老の一《いっ》・上杉景勝に謀叛《むほん》の兆しあり、と難癖をつけ、これを討伐することを企てた。

すでに同じ手口で、利家亡きあとの前田家が、屈服させられていた。

家康は〝五大老〟の、各個撃破を目論んでいたのだ。

景勝に上洛を命じたが、彼はこれに応じなかった。同時に、兼続が家康にあてた宣戦布告の書状として名高い「直江状」をも、このとき、発したと伝えられている。

もっとも、筆者はこの「直江状」なるものは、後世の偽作《ぎさく》と断じて来たが、それでも最後の一文の、「内府（家康）様又は中納言（秀忠）様御下向《げこう》の由《よし》に候《そうろう》由、万端御下向次第に仕るべく候」などといったくだりは、兼続の当時の心情を、嘘偽りなく述べていたかと思われる。いずれ家康や嗣子の秀忠が、会津に攻め寄せるとのことだから、万事はそのおりに決着をつけよう、というのである。兼続は正々堂々の戦《いくさ》で、家康を破る自信をもっていた。

では、このおり兼続は、家康の軍勢をどのように迎撃するつもりで、戦略・戦術を策定していたのであろうか。『名将言行録』ほかによれば、家康軍を予定した主戦場（たとえば革籠原《かわごわら》）に誘い込み、三方に伏せた上杉勢主力でもって痛撃をあたえ、徳川勢を追い落とす作戦であったようだ。

敵軍を自領に迎える間際、速戦でたたくのは謙信以来の上杉戦法である。戦国の猛兵・越後勢＝上杉軍は、謙信以来、無敗に近い勝率をあげていたから、これは決して机上の空論ではなかったろう。

家康を一蹴《いっしゅう》する一方、上方勢（石田三成）が挙兵すれば、家康の劣勢は満天下に明白となる。実際の関ヶ原がそうであったように、兵力数では勝《まさ》った西軍は、勝機を摑めたはずだ。

しかしながら、三成の挙兵は兼続の予想した以上に、あまりにも早すぎた。そのために白河経由で進攻するはずの家康は、下野国《しもつけのくに》の小山《おやま》（現・栃木県小山市）から軍を返してしまった。

それでも兼続は、動じていない。そうした場合も、彼は想定しており、有効な対戦策を考えていたのである。

すでに臨戦態勢をとっている、無敵の越後勢をもって、白河口に打って出、家康軍を追尾して、無理にも一戦を挑み、痛撃をあたえ、反転抗戦させ、時間をかせぎさえすれば、西の三成との挾撃態勢は完璧となったろう。

あえて主命に抗《こう》さず

完全武装で準備・待機する上杉軍には、長途の家康軍が逃げるのを追尾、討ち負かすのは、存外、造作はなかった。

ところが、なぜか上杉軍はこの局面で動かず、戦局面を静観してしまった。智将兼続には、あり得ないことであった。

「人の危うきに乗ずるは、上杉兵法に非ず」

これまで一度として、兼続の見解に異存を差しはさまなかった主君の景勝が、めずらしくこのとき、発言した。〝勝てるがゆえに戦わず〟の、謙信の美学を持ち出したのである。

兼続は懸命に、主君景勝に喰いさがった。もしも今、ここで家康を討たねば、後刻《ごこく》、今度は上杉勢が討たれることになります、と。次に家康が現れたときには、もはや勝利の目処《めど》はたちませぬ、と。

だが、ついに景勝は自説をまげなかった。兼続はしかたなく、次善の策として上杉家の永世中立を画策する。中世の最大の内乱＝応仁の乱は十年を費した。家康が三成に勝って、天下人となって進攻してくるにしても、歳月はかかろう。それまでに領国の拡大を策し、〝奥州版関ヶ原〟を戦えば……。

しかし、〝天下分け目の戦い〟が、僅々《きんきん》一日で決着する前代未聞の結末となってしまった。

兼続の計画は、あえなく潰《つい》え去った。

国境を閉ざして四方から迫る家康派の大名たちと戦いながら、兼続は秘かに外交交渉をすすめ、名誉ある降参、和平の可能性を模索。主家の社稷《しゃしょく》を全うすべく、苦渋に満ちた手段を講じる。

家康の宿老・本多佐渡守正信に誼《よしみ》（親しい交際）を通じ、その次男政重《まさしげ》を直江家の養子に、政重の子を上杉家の相続人とする含みまでもたせ（『本多家譜』）、上杉家の存続をはかった。

その結果、上杉家百二十万石は、本来、兼続のものであった米沢三十万石に減封され、領地は大幅に削られたものの、徳川幕藩体制の中に生き延び得たのであった。

関ヶ原の合戦後、兼続に拝謁《はいえつ》を許した家康は、過ぎし日を述懐するがごとく、

「寡兵を以《もっ》て恐動《きょうどう》（恐れて動揺）せず、功名を譲りて争進せず（争い進めず）、最後の必勝を期する者、山城（兼続）に非ざれば為《な》す能《あた》はず」（『直江山城守兼続《なおえやましろのかみかねつぐ》』）

と言った、と伝えられている。

よほど、兼続の存在を強く意識していたのであろう。

兼続は上杉家の米沢への移封にさいして、新規奉公の牢人が上杉家を去るのは追わなかったが、旧来の家臣は一人として禄を離れさせることなく、藩領が四分の一となる中、謙信の蓄えていた軍用金を取り崩し、全体の家禄を三分の一に止《とど》めて減俸し、従前通り召し抱えて、ともに苦難の減封に耐え

させた。

彼はまた、生涯、関ヶ原については語ることなく、ただ一編《いっぺん》の詩を残した。

雪夜炉を囲んで情さらに長し
吟遊あい会して古今を忘る
江南の良策求むる処無くんば
柴火煙中芋を焼くの香り（原漢文）

雪の夜更けに、心相許した詩友と語り合っていると、現在の時局などは忘れてしまって、情緒だけがいよいよ深くなる思いだ。自分の抱いた回天の大策は用いられなかったのであるから、もうそうしたことは忘れてしまおう。そして、この友と芋を焼いて、その香りでも楽しもうではないか――といった意である。兼続は以降、景勝の補佐役として、黙々と領国経営の実務に専念した。

「武士の魂である刀や槍に、錆《さび》がなければ、なんの恥ずべきものがあろうか……」

そう言って、藩財政の倹約を旨とし、多くの産業＝特産物の生産を奨励したが、その甲斐あって米沢藩上杉家の表高三十万石を、実高五十万石といわれるまでに豊かな藩となした。

つまり、四分の一の石高を、二分の一近くまで戻したことになる。

また、他方では多額の私財を投じて漢籍を収集し、慶長十二年（一六〇七）には、『文選』十巻を刊行して文化事業に貢献している。ほかにも、『論語』なども出版した。

元和四年（一六一八）、領内に禅林寺《ぜんりんじ》（のち法泉寺《ほうせんじ》）を建立し、学僧・九山《きゅうざん》を招いて開祖となして、ここを藩の子弟の教育施設として藩学興隆をはかった。

学識において天下に隠れなき学者の藤原惺窩《ふじわらせいか》は、兼続の第一印象を、

「成る程、人の云《い》ふごとく、一天下の奸雄《かんゆう》なり。然《しか》しまた器量に至っては、是亦《これまた》一天下の英俊なり」

と述べている。

一方、上杉家を牢人した新規奉公の門田造酒之丞《さかのじょう》は、次のように兼続を回想していた。

「直江山城守は大男にて、百人にもすぐれたるもったい（ものものしいこと）にて、学問・詩歌の達者、才智・武道兼《かね》たる兵《つわもの》なり。恐らくは天下の御仕置にかかり候とも、あだむまじき仁体《じんてい》（仁徳を備えた人柄）なり」（『常山紀談《じょうざんきだん》』）

直江山城守兼続は、決して織田信長、豊臣秀吉、徳川家康ほどには有名ではない。だが、戦国大名の中で利害得失に左右されることなく、〝義〟〝忠〟をもって働いた仁者といえば、どうであろうか。上杉謙信、石田三成、大谷吉継《おおたによしつぐ》と、この兼続ぐらいではあるまいか。

――彼は主君景勝の決断を覆し、実力行使に訴えることをしなかった。

もし兼続に、歴史を変えるチャンスを行使しなかった罪があったとすれば、主君を下剋上しなかったことに尽きる。仁義ゆえの敗北、とでもいえばいいのか。きわめて、難しいところである。

「かぶき者」が挑んだ仇討ちの真相――赤穂《あこう》藩・大石内蔵助良雄《おおいしくらのすけよしお》

史実と文学との差異

赤穂《あこう》浪士の討ち入りは、〝武士道の華《はな》〟ともてはやされ、日本人の美学を代表するように、二十一世紀の今日まで語り継がれてきた。

だが、〝忠臣蔵〟の系譜は、浄瑠璃《じょうるり》の『仮名手本忠臣蔵《かなでほんちゅうしんぐら》』以来の演劇・文学の流れであり、もとより史実を伝えたものではない。

なかでも史実と最も異なるのが、「献身の道徳とその伝統」（和辻哲郎）として説かれてきた、中世以来の封建的心性、「忠義」＝「君、君たらずとも、臣、臣たらざるべからず」が、実は〝世間〟に対する面子《メンツ》によって行われた点であった。赤穂浪士の討ち入りは、忠義による仇討ちではなく、参加者の面子を立てるための挙兵であったのだ。

元禄十四年（一七〇一）三月十四日、朝の九時半頃、ところは江戸城松之廊下で、赤穂藩（五万三千石）藩主で勅使饗応役を拝命していた**浅野内匠頭長矩《あさのたくみのかみながのり》**（三十五歳）が、その作法の師ともいうべき高家《こうけ》筆頭の吉良上野介義央《きらこうずけのすけよしなか》（六十三歳）に、

「このあいだの遺恨《いこん》覚えたるか」

と、いきなり脇差《わきざし》を抜いて斬りつけた。

初太刀は額《ひたい》へ、そして右肩先から下へ二太刀目――そこへ、大奥の留守居番役・梶川与惣兵衛《かじかわよそべえ》が駆けつけ、内匠頭《たくみのかみ》に飛びついて抱きとめ、事件はこれ以上には大きくなることはなかった。

だが、場所柄もわきまえず刃傷《にんじょう》に及んだ内匠頭は、即日、切腹となったものの、負傷した上野介は何らの咎《とが》めもないばかりか、ときの将軍・徳川綱吉《つなよし》からはお褒《ほ》めの言葉までかけられたという。

赤穂藩の筆頭家老（千五百石）であった**大石内蔵助良雄《おおいしくらのすけよしお》**（四十四歳）が、四十六名の旧藩士と語らい、上野介の首級を挙げたのは、それから約一年半後の十二月十五日のことであった。

多くの小説の類《たぐ》いは、これを主君の仇を報じた美談だ、と描いてきた。

しかし、四十七士の内訳を見てみると、不思議な現実に幾つも出くわす。

当時、赤穂藩（家中二百七十余名）を統率していた四人の家老のうち、なぜ、内蔵助だけが討ち入りに参加したのであろうか。また、家老の下にいた五人の組頭は全員、吉良邸へは推参していない。

つまり、上級藩士の討ち入り参加者は、〝家老〟の内蔵助ただ一人だけであったことになる。

次いで、赤穂浪士の主力ともいうべき足軽頭・馬廻りクラスはどうか。吉田忠左衛門兼亮《かねすけ》（郡代、足軽頭兼任・六十三歳）、原惣右衛門元辰《もとなり》（足軽頭・五十五歳）をはじめ、計十九名（部屋住みを含む）が参加していた。

彼らは戦場において、主君の馬を守るのが役目である。したがって、その参加はうなずける。

ところが腑におちないのは、彼らとは別に、まとまった人数を出したのが中小姓をはじめとする切米取りの、軽輩の人々であったことだ。

大高源五忠雄《ただかつ》（三十一歳）の二十石五人扶持《ぶち》から、三両二分二人扶持の足軽・寺坂吉衛門信行《のぶゆき》（年齢は諸説あり）を入れて十八名。身分にも年齢にもばらつきがあり、おのずと主君に対する距離も異なって、思い入れにもかなりの差違はあったかと思われるが、この軽輩グループの人々は、藩主内匠頭の顔は知らない。おそらく、声すら聞いたことはないはずである。にもかかわらず、彼らは仇討ちに参加している。

「だからこそ、この人たちは忠義の士なのだ」

といったのが、これまでの一般の声だったわけだが……。

では、赤穂浪士の討ち入りの一年前、大掛かりな「喧嘩」によって、鍋島《なべしま》藩士十名が切腹、九名が流罪に処せられる審判が、幕府によって下された。

この事件を、読者諸氏はどのように解釈されるだろうか。

大石内蔵助良雄

もう一つの忠臣蔵　〝深堀《ふかほり》義士《ぎし》〟

元禄十三年（一七〇〇）十二月二十日——この日、佐賀藩の長崎勤番にあたっていた、分家・深堀領主の鍋島安芸守茂久《あきのかみしげひさ》の家来、深堀三右衛門（六十九歳）と志波原《しばはら》武右衛門（五十九歳）の両名が、長崎町年寄の高木彦右衛門の中間《ちゅうげん》・惣内《そうない》と、雪道で行き合い、泥を跳ねた、跳ねられたで口論となった。そして両方が喧嘩となり、藩士二人は中間を殴《なぐ》りつけた。

するとき、殴られた中間・惣内は、己れの分限を名乗り、仲間《なかま》とともに仕返しに戻ってくる、と言い残して、その場を去った。三右衛門と武右衛門の二人はどうしたか、その場を去らず、惣内の戻ってくるのをしばらく待ったが、現れないので仕方なく、屋敷へ戻った。

――その夜であった。

惣内は手に手に棒をもつ十人ばかりの仲間をともない、屋敷の門前から「表へ出てこい」と二人を挑発。三右衛門と武右衛門は、止める周囲を振り切って飛び出したものの、今度は形勢が逆転。刀を奪われ、こっぴどくやられてしまった。が、話はここで終わらない。

刀を奪われたので、差し替えの刀を国許《くにもと》に取りに行かせたところ、三右衛門の子の嘉右衛門（十六歳）と武右衛門の小者が長崎に駆けつけてきた。四人は合流すると、どうしたか。改めて長崎年寄の高木邸へ意趣返《いしゅがえ》しに出向くが、残念ながら門は固く閉ざされていて開かない。

それもそのはず、町年寄の高木彦右衛門側はその頃、佐賀藩と相談し、惣内の仕置は鍋島家に一任するとの約定を交わしていた。だが、「喧嘩」を聞きつけた二家の親類は、主君の門戸を踏み荒らした狼藉《ろうぜき》は許し難い、と長崎に集結。その数、十二名をもって、一夜明けて門が開くと、町年寄の邸へ突入した。

番人を斬って邸内に乱入し、門を閉めて襷《たすき》がけとなり、玄関脇に立てかけてある弓弦《ゆづる》を切って屋内へ。彦右衛門・惣内をはじめ家人十人余を斬殺し、火の始末を見届けてのち、三右衛門はその場で自害。武右衛門は表へ出て、切腹して果てた。

この間、国許の深堀からはさらに、続々と加勢の藩士が長崎へ。一行は「喧嘩」には参加していない。現場を見届け、切腹した二人の首を持ち帰ったにすぎなかった。

さて、この「喧嘩」、幕府の裁断により、討ち入った当初の残る十名が全員切腹、あとから駆けつけた者のうち、どうしても切腹させよ、と迫った九名のみを五島に遠流《おんる》として決着した。

この一件で興味深いのは、屋敷に中間たちが「喧嘩」を売りに来たあと、鍋島藩の上層部は、幕府の藩主への責任追及を恐れ、長崎町年寄とはかって、事件を極力鎮静化させようとしたのに、討ち入った者たちは皆目、その意を汲《く》もうとしなかった点だ。

参加していない藩士たちは、遅れたのも恥辱、おめおめ生きて国許へは帰れない、と自ら切腹することを認めさせようとした。

つまり彼らは、世間や親戚などに対し、武士としての、己れの〝面子《メンツ》〟にこだわったのである。

〝忠臣蔵〟の根底

冷静に判断すれば、この一件は大人気ない「喧嘩」であり、一方の藩士たちは徒党を組んで己れらの意地・面子を立てるためにのみ、町年寄宅を襲撃して死者を出したことになる。

だが、幕府は町人の惣内が先に、藩邸へ「喧嘩」を仕掛けたことを咎《とが》め、斬り込みを当然とみた。

国許でも彼らは、〝深堀義士〟と称賛されることとなる。殺害された彦右衛門宅の、生き残り八名は斬罪《ざんざい》。町年寄の息子・彦八は、事件と無関係であったにもかかわらず、闕所《けっしょ》のうえ追放処分となってしまった。

――人間は、いかなる人も例外なく、時代の制約を受けることを忘れてはいけない。

彼ら〝深堀義士〟は明らかに、五十年前に世に溢《あふ》れていた、「かぶき者」の生き残りであったといえる。「侍道」の勇気を重んじ、「一分《いちぶん》」の体面に生命《いのち》を賭け、売られた「喧嘩」は買わぬことのない人々。たとえ主命とはいえ、納得できねば逆らう。封建制の主従関係からは逸脱した、異質な感情を持つ人々であったといってもよい。

そもそも「かぶき者」は、戦国時代、合戦での勝利を唯一無二とした、武士のアイデンティティから派生したもの。勝つためには己れの生命、地位、財産、その他あらゆるものを放棄しても、決して悔《く》いることのない精神である。武家社会はこの精神によって、〝忠義〟の支柱を築いたともいえる。

それが合戦のない泰平の世となって、エネルギーを発散する場を失い、一方では文吏＝官僚タイプの武士の進出で、戦場一途の武辺者はその存在意義を失い、その人々が「殉死《じゅんし》」の大流行を生んだ。

この「殉死」――不思議なことに、軽輩ほど殿さまへの殉死をしたがる傾向が強く、ここには一種の自己陶酔《じことうすい》の世界すらもが、垣間見えた。

だが、寛文《かんぶん》三年（一六六三）、四代将軍・徳川家綱《いえつな》が「殉死」の禁止を制度化し、五代・綱吉も禁止を「武家諸法度《ぶけしょはっと》」に加えた。家臣が「殉死」すれば、お家断絶に処する――とおどしたおかげで、さすがに表立った「殉死」は消えたが、それでも「かぶき者」の気質を脈々と伝えてきた武士の一部は、「殉死」への思いを捨て去ることができなかった。

主人片落《かたおち》（不公平）に切腹仰せ付られ、上野介存生《ぞんせい》においては、城滞《とどこお》りなく引き渡し、何方《いずかた》へ面《つら》を向け申すべき様もこれなく候（中略）一分《いちぶん》立ち候様に仰せ付けられ、筋も立ち候はば各別の儀、もし拠《よんどころ》なき道理出来候はば、当城罷り出るにおいては、内匠頭菩提所《ぼだいしょ》花岳寺において、志の面々追腹《おいばら》仕るべく候。

（『堀部安兵衛覚書』）

赤穂浪士の一人、安兵衛は言う。

不公平な幕府の裁定をそのままに、城を明け渡しては何処にも顔向けができない。即ち、武士としての面子が立たない、と彼は言う。もし、「一分」が立てばよいが、さもなくば追腹＝「殉死」をするしかない、と。逆にいえば、安兵衛にとっては、純粋に主人の仇を討つのが主題ではなく、自分たちが世間に顔向けのできる「一分」を手にすることの方が、重大事であったわけだ。

これは安兵衛だけの理屈ではあるまい、四十七士に共通する感情であり、その最大の具現者、「かぶき者」こそが、頭領の大石内蔵助ではなかったろうか。

内蔵助は譜代《ふだい》の家老であったが、当時の藩を引っ張っていたのは、塩田《えんでん》の経営にせよ財政改革にしても、ほとんどは一代家老の大野九郎兵衛《おおのくろべえ》であった。内蔵助は出る幕がなく、それゆえに「昼行灯《ひるあんどん》」

と渾名《あだな》されてもいた。ところが、不意に主君が上野介に「喧嘩」を売った。

しかも、喧嘩両成敗であるにもかかわらず、幕府は一方の上野介を罰しない。これでは赤穂武士の面子が立たない、となったとき、はじめて内蔵助は己れのやるべき役割を自覚したのではあるまいか。

「殿の喧嘩を引き継ぐ――」

これは譜代の、それも「かぶき者」の家老にしかできない。

「喧嘩」をするからには、勝たねば意味がなかった。無鉄砲に藩士が三々五々、吉良邸へ討ちかかって失敗でもすれば、赤穂武士の恥の上塗りになりかねない。

開城―浅野家再興と面子を立てる手順を踏みつつ、内蔵助は上野介の身辺を探索していく。

こうした内蔵助の「かぶき者」ぶりは、「喧嘩」途中の祇園や島原、伏見での派手な遊びにも、その人柄が垣間見えよう。彼は幕府の目をごまかそうと芝居をしていたのではなく、むしろ、〝傾《かぶ》く〟己れを世間に見せつけたかったのではあるまいか。

内蔵助は見事に、己れの「喧嘩」に勝ち、後世社会はこの人物を、〝名家老〟として〝忠臣蔵〟の主役に据えた。

西郷・大久保を率いた薩摩の宰相――薩摩藩・小松帯刀《こまつたてわき》

知られざる英雄

〝維新の三傑《さんけつ》〟

といえば、明治維新＝回天をリードした主要人物として、薩摩藩出身の西郷隆盛・大久保利通、それに長州藩出身の木戸孝允《たかよし》（前名・桂小五郎）――この三人が、つとに有名である。

読者の中には、土佐藩郷士出身の坂本龍馬・中岡慎太郎こそ、と推す人がいるかもしれない。

が、維新史の流れに忠実であれば、筆者は〝維新の三傑〟と同等の功労、否、それ以上の功績を一人で成し遂げた人物として、〝名家老〟「**小松帯刀《こまつたてわき》**」の名をあげないわけにはいかない。

彼こそは、幕末薩摩藩がもち得た、最強・最高の家老、すなわち〝名宰相《さいしょう》〟であった。

帯刀の功績は、西郷・大久保を己れの部下として使い、その力量を十二分に発揮させたところに如実であり、もしも、この人物が明治三年（一八七〇）に、わずか三十六歳の若さで夭折《ようせつ》しなければ、維新後の新政府の展開も大きく異なり、西郷の下野とその後の西南戦争も、帯刀なら未然に防ぎ得たかもしれない。

小松帯刀――この人物だけが、西郷と大久保を和解させることのできた、唯一の人物であった、と筆者は思いつづけてきた。わずか一人の人間の死が、これほど日本史に影響を与えた例は、きわめて少ないのではあるまいか。

それだけに今日、この人物の名が一般に忘れ去られたことを、筆者は心底、嘆嗟《たんさ》する。

この人の下にいた西郷・大久保が共にそうであったように、帯刀は何より、清廉潔白《せいれんけっぱく》な人物であった。安政《あんせい》五年（一八五八）三月朔日《ついたち》に、自らの名を「帯刀清廉《せいれん》」と称している。

おそらく彼がこの世にあらねば、薩長同盟も成立せず、西郷・大久保の活躍もなかったに違いない。

――すべての出発点は、その生まれの良さにあった。

天保六年（一八三五）十月十四日、帯刀は薩摩藩喜入《きいれ》領主・肝付主殿兼善《きもつきとのもかねよし》の三男として生まれていた。幼名を、肝付尚五郎という。幕末・維新期に活躍した薩摩藩士は、多くが下級武士であった中で、彼の出自はこの藩屈指の名門であった。

薩摩藩では藩主を頂点に、藩士は七階級に区分されていたが、最上位の〝御一門《ごいちもん》〟と称された一万石以上の藩主家の分家、重富《しげとみ》・加治木《かじき》・垂水《たるみず》・今和泉《いまいずみ》（天璋院篤姫《あつひめ》の実家）の四家――徳川家における〝御三家《ごさんけ》〟と思えばよい――の下、つまり二番目の階級で、一郷一村を所有し、一定の土地と士民をあわせて管轄する一所持《いっしょもち》（計二十一家）こそが、帯刀の生家であった。

十歳で、ときの藩主斉興《なりおき》に拝謁を許されたことでも、その身分の高さが知れよう。

帯刀は文武いずれかといえば、体が弱かったこともあり、学問を好む少年であった。儒学では「観《かん》瀾《らん》」、あるいは「香雪斎」とも称した。歌学も修め、琵琶の名手でもあったが、若い頃から政治には関心を持っていたようだ。

ときおり湯治《とうじ》に出かけたが、彼は湯の中で人々がする世間話で、民情を知ろうと努力したという。

御小姓役を拝命。二十一歳で奥小姓となり、近習番を命じられた。わずか四ヵ月ほどであったが、この時期、名君の誉れの高い藩主斉彬《なりあきら》にも、江戸で仕えている。

帯刀が歴史の表舞台に立つには、まず安政三年、同じ身分ながら吉利《よしとし》の領主をつとめていた、小松家に養子入りすることが前提であった。先代＝二十八代・小松清猷《こまつきよもと》は、琉球使節役をつとめた人物であったが、二十九歳で病没。帯刀はその妹・チカの婿養子となった。「一所持」は力量次第で家老ともなれる家柄であり、小松家二十九代を二十二歳で継いだ彼は、二年後の三月、改名して「**小松帯刀清廉**」となる。

小松帯刀

この頃、藩政は斉彬の急死により、その異母弟・久光《ひさみつ》の子である忠義《ただよし》が藩主となっており、久光は〝国父〟として、事実上、藩政を動かしていた。帯刀は当番頭兼奏者番となり、気難しい久光の側近として出世していく。

その過程で大久保一蔵（のちの利通）とも出会い、電気・水雷などの研究のために長崎への出張もこなし、御側役として、二十七歳のおりには、「御改革方・御内用掛」を拝命することになる。

文久《ぶんきゅう》二年（一八六二）には伊作地地頭となり、大番頭《おおばんがしら》を経て、家老吟味《ぎんみ》（見習い）となり、十二月二十四日には側詰兼務の家老となった。このとき、帯刀は二十八歳。世上は尊皇攘夷、開国佐幕の間を揺れていた。

帯刀は薩摩藩の事実上の〝宰相〟として、この年以降、久光の信任を得て、ご一新《いっしん》まで藩政を指揮することとなる。その担当は軍備・財政・教育を兼ねたものであり、とりわけ彼が意を注いだのは、藩政改革と人材登用であった。加えて、久光の武装上洛を具体的に計画し、幕政改革を実行させた手腕も、帯刀の采配によるものであったといえる。

寺田屋事件、生麦事件、薩英戦争を経て、帯刀の名声は一躍、天下に轟《とどろ》いた。

「島津の小松か、小松の島津か」

天下の志士たちが、こぞってその人物を欽慕《きんぼ》した。彼はこの時、二十九歳。

薩摩藩の大黒柱

帯刀は幕末が沸点を迎える元治《げんじ》元年（一八六四）には、京都藩邸にとどまり、藩を代表して朝廷、幕府との折衝《せっしょう》にあたり、池田屋事件と禁門の変を現地で経験することとなる。

その心労は、いかばかりであったろうか。この間、禁門の変で、帯刀の部下として、直接の戦闘指揮を取った西郷は、わずかな期間、国許へ戻った帯刀に対して、同じく国許にいる大久保へ、早く帰京してもらえるように、と手紙でせっついている。

「前略　将軍（十四代家茂《いえもち》）も此度は上洛の筋にもこれ有り、摂海も異人の参る説もこれ有る事にて、段だん、大難差しせまり候儀に御座候間、大夫（帯刀のこと）此の度は何とぞ早々御帰京相成候処、ひらに御願申上候」

帯刀の多忙さは、政局・外交上の主役をつとめる一方で、軍備の洋式化を推進する責任者でもあり、それを可能とするための、財政基盤の確立にも目配りをしなければならなかった。その守備範囲は広く、と同時に、これからの日本のあり方も、彼は模索せねばならなかった。

土佐脱藩の郷士・坂本龍馬と出会った帯刀は、元治二年の三月九日に「神戸海軍操練所」が廃止されると、隣接の私塾で塾頭をしていた龍馬をはじめ、土佐脱藩のテクノクラートたちを引き取った。どうやら帯刀は、龍馬たちの海軍技術を活用して、海運・貿易業にあたらせようと考えたようだ。

そのため彼は、彼らをともなって長崎に出張し、亀山の地に土佐人たちの宿舎を提供。のちの「海援隊」の母胎ともなる、「亀山社中」を誕生させている。

帯刀の協力を得て、龍馬はそれまで犬猿の仲であった薩摩藩と長州藩を同盟させるべく、東奔西走《とうほんせいそう》の日々を送る。一方、第一次長州征伐を不十分と判断した幕府は、引き続き第二次長征を決断するが、帯刀はこれに真正面から反対を唱える。

「ご主意、名分がわからず、よって出兵はお断りいたす」

幕府の足を引っ張りつつ、帯刀は、慶応二年（一八六六）正月二十一日、京の自らの私邸で、薩長連合の締結に漕《こ》ぎつける。この〝回天〟の同盟の席で、最も重きをなしたのは、当の帯刀であった。

三十二歳の宰相には、次から次へと難事が降りかかってくる。同年の後半、所有船の沈没により、

「亀山社中」の経営が危機に瀕したとき、龍馬を助けて資金援助をしたのも帯刀であった。

龍馬は姉の乙女に宛てた手紙で、次のように述べている。

「去年七千八百両でヒイヒイとこまりおりたれば、薩州の小松帯刀と申す人が出してくれ、神も仏もあるものにて御座候」

龍馬にとって帯刀は、最大の理解者であり、パトロンでもあった。

より以上に、薩摩藩にとっては重大な人物であったといってよい。

西郷や大久保といった下級武士を、名門出の帯刀が上司として庇護したからこそ、彼らは縦横《じゅうおう》の活躍ができたのである。換言すれば、土佐藩には帯刀の役割を演じる者がいなかった。そのため、この藩では上士と下士の内紛がつづき、多くの貴《とうと》い血が流れてしまった。

「亀山社中」の世話から、薩摩藩英国留学生の派遣――気の休まるところのなかった帯刀は、慶応元年二月に京都を出発、三月に鹿児島へ帰って、霧島の栄之尾《えいのお》温泉で保養している。

このおりの帰国には西郷をはじめ、龍馬とその妻・お龍《りょう》も同伴していた。二人が高千穂に登ったのは、このときのことである。

帯刀の激務はそれでもやまず、英国商人・グラバーの助力をたのみ、英国公使・パークスの薩摩滞在を実現。第二次長州征伐における、幕府軍の敗戦も、陰で演出しなければならなかった。

明らかに過労が、帯刀の体を蝕《むしば》んでいた。もとから体が強くない彼は、脚痛を病み、霧島硫黄谷温泉で療養しているが、それはほんの気休めにしかすぎなかった。

清廉潔白の士

慶応三年（一八六七）正月、帯刀はついに城代家老となり、いよいよ討幕への具体策を講じはじめる。

他方、膨れあがる軍費の足しにすべく、「大和交易」というカンパニー（会社）をつくり、貿易をさらに活性化。大政奉還から薩摩藩兵出京の準備までを采配したものの、ついには歩行も困難な重病に陥り、戊辰《ぼしん》戦争では国許に残ることとなる。

彼の代理をつとめたのが西郷であり、大久保であった。

戦火の中から発足した新政府は、病気療養中の帯刀を、それでも参与に任じ、外国事務担当を命ずる有り様。彼をよく知るイギリス外交官のアーネスト・サトウは、その印象を、次のように語っていた。

「小松は私の知っている日本人の中で、一番魅力のある人物で、家老の家柄だが、そういう階級の人間に似合わず、政治的才能があり、態度が人にすぐれ、それに友情が厚く、そんな点で人々に傑出していた」（『一外交官の見た明治維新』より）

東京遷都ののち、帯刀は「玄蕃頭《げんばのかみ》」（今日の外務大臣）に進み、外交と財政を主に総裁してほしい、と新政府に泣きつかれている。しかし、彼の病状は決して好転してはいなかった。

三十五歳となった明治二年（一八六九）、京にあった帯刀は、国許へ戻って藩政改革にも取り組み、一応の形をつけたところで、病気の本復は難しい、と判断。五月十三日付で官職を自ら辞した。それがしぶしぶ許可されたのは、二日後のことである。

翌年五月、帯刀は遺言状を認《したた》め、大坂医学校病院教師のボードウヰンに治療を受けていた大坂にて七月二十日、この世を去った。死因については、諸説ある。享年三十六。

小松家の跡は、三十代・清直—三十一代・帯刀（伯爵）—三十二代・重春とつづき、三十三代に西郷従道《つぐみち》（隆盛の実弟）の四子・従志《じゅうし》が入って、この血脈は今日につづいている。

『孟子』に、「為《な》さざるあり、而《しか》る後以《のちもっ》て為《な》すあるべし」とあった。してはいけないことは、断乎として、してはいない。その逆も、同じ。そういう流俗におもねらない、義に強い人にして、はじめて大事をなすことができる、の意であったが、一言で言えば「清廉」——それを幕末維新で実践したのが、小松帯刀であったといえそうだ。

もしも、この〝名家老〟が幕末の薩摩に出なければ、日本は果たして明治維新を迎えられたであろうか。

弱小藩の悲哀を一身に負った〝名家老〟——天童藩・吉田大八《よしだだいはち》

先祖・信長に導かれて、奥羽鎮撫使先導《おううちんぶし》へ

「歳寒《としさむ》くして、然《しか》る後《のち》に松柏《しょうはく》の凋《しぼ》むに後《おく》るるを知る」

という、やや難解の語句が『論語』にある。

冬になってはじめて、松や柏《かしわ》の木が、いかに強く緑を保っているかがわかる、というもの。人間も同じだ、と孔子は言いたかったようだ。大事に遭遇してはじめて、その人物の真価が表れるものだ、と。「凋むに後る」とは、凋まぬことをいう。

この語句に接して、筆者は一人の、無名に近い人物のことを想った。

幕末の出羽天童藩《でわてんどうはん》二万石にあって、中老＝事実上の家老をつとめた吉田大八《よしだだいはち》である。

——以下、ちょっと講釈になる。

戦国時代、〝天下布武《てんかふぶ》〟を唱えた織田信長は、嗣子・信忠《のぶただ》と共に、本能寺の変で横死《おうし》した。

その後、信長の三男・信孝《のぶたか》は、柴田勝家と組んで、羽柴（のち豊臣）秀吉と対決したが敗れ、異母兄の信雄《のぶかつ》によって切腹させられてしまう。

結果、皮肉にも最も凡庸、暗愚といわれた信長の二男・信雄が、織田家の嫡流となった。

それでいて尾張清洲《きよす》（現・愛知県清須市）に、親の七光りで百万石を領有することになった信雄は、しばらくして秀吉に織田家が簒奪《さんだつ》されたことに気がついた。このこと自体、迂闊《うかつ》としかいいようがない。己れの器量を熟考し、思い止《とど》まればいいものを、信雄はつい頭にきてかつて、父の盟友・徳川家康を頼み、秀吉と一戦を交える決断をした。

世にこれを、「小牧《こまき》・長久手《ながくて》の戦い」という。家康は前哨戦も含め、二度も秀吉の大軍を敗ったものの、話を持ちかけてきた当の信雄が途中で腰砕けになり、秀吉と勝手に和睦してしまった。

そういう、人物であったのだ。家康も、矛《ほこ》を収めざるを得なかった。

その後、天下統一を果たした秀吉は、信雄の所領を没収、配流としたが、家康が天下を取るに及び、改めて信雄に五万石の捨て扶持を与えることにした。

ところが、信雄の嫡孫・信昌《のぶまさ》の代に、分散していた五万石のうち、三万石を高長《たかなが》（信雄の子・信昌の叔父）に横領され、〝名門〟織田家の本流は二万石となり、その後、紆余曲折を経て、幕末の嘉永元年（一八四八）に、ようやく散《ち》り散《ぢ》りの飛び地を掻《か》き集め、一藩の体裁を整えることに成功した。

領民は黙々と紅花を栽培し、藩士たちはひたすら名物の将棋の駒＝天童駒を製作して、すでに破綻していた藩財政の重圧に、辛くも耐えながら、どうにか息を潜めて生活していた。

この弱小藩に、慶応四年（一八六八）正月、不意に上洛を促す命令が、新政府から届く。

寝耳に水の天童藩は、このとき藩主・織田信学《のぶみち》が病床にあり、継嗣の信敏《のぶとし》が家老・津田勘解由《かげゆ》、中

老の吉田大八らを従えて、押《お》っ取《と》り刀《がたな》で京へ上った。そうした彼らを待っていたのは、

「奥羽《おうう》鎮撫《ちんぶ》使《し》先導《せんどう》を務めるように――」

との、破格の達《たっ》しであった。

もとより、信敏らにとっては想像もしていない命令であった。わずか二万石の天童藩に、官軍の先陣を切れるはずがない。無理無体な事態に動揺しつつ、なぜ、わが家なのですか、と信敏主従は恐《きょう》懼《く》しつつ尋ねたところ、新政府の見解は単純かつ明快であった。

「その方、右府《うふ》（右大臣）織田信長公の後裔《こうえい》であろうが、心して徳川荷担の奥州諸藩を討つべし」

聞かされた主従は、各々に自らの耳を疑ったであろう。

なるほど、〝天下布武〟に王手をかけた、戦国の覇者の末裔《まつえい》ではある。あるが、今は二万石の弱小藩でしかない。どうやって仙台藩六十二万石、盛岡藩二十万石、会津藩三十三万石、秋田藩二十万五千石、米沢藩十八万石、庄内藩十七万石などの大国と、対峙《たいじ》できるというのか。天童藩織田家の家臣は、総数で百九十二名（万延《まんえん》元年〈一八六〇〉現在）でしかない。

不可能である。だが、官軍＝新政府の命令に、逆らえる力も、彼らにはなかった。

「先祖信長に対し、家の面目冥《みょう》加《が》至極にございます。有難き仕合わせと、慎んで拝命仕《つかまつ》ります」

家老の勘解由は答え、そのうえで、世子・信敏（慶応四年〈一八六八〉三月に家督相続）は若年のため、吉田大八を代理とさせていただきたい、と食い下がった。

「先導代理役」――これが、大八の肩書きとなる。このとき彼は、三十八歳。

小国の正論、伝わらず

大八は、二万石の分限でできる範囲での守備を願い出たが、先導する先には奥州戦争が待っている。何が起こるか、知れたものではなかった。

天保二年（一八三一）正月十五日に生まれた大八は、諱を守隆《もりたか》、通称を大八と称した。江戸で王道斥覇《せきは》を重んじる学説の、安積艮斎《あさかごんさい》に師事し、小藩ながら気骨のある人物として、多少は諸国にその名を知られていた。大八の心中は、たった一つ——天童藩士の消耗を極力避け、身の丈に応じた行動をとり、藩をこの混乱の中で保全すること、これのみであった。

ところが、慶応三年（一八六七）末の御用盗事件——薩摩系過激派の江戸放火・殺人・強盗事件——以来、感情的に薩摩憎しに凝り固まっている庄内藩が、いきなり官軍先導たる天童藩の、守備する出羽国村山郡（現・山形県村山市）へ兵を入れてきた。

庄内藩にすれば、幕府天領七万四千石を酒井家の預地とする、と十五代将軍・徳川慶喜の論功行賞があり、正当な貢米《こうまい》を引き取りに来ただけのことであったが、すでにこの時点で、仙台へ進出していた新政府の出先・奥羽鎮撫総督府は、これを新政府への挑戦とみなした。

「朝廷に弓引く所行、断じて許さぬ」

と官軍も出撃。このままでは天童藩士の血が流れる、とこのことを何よりも危惧した大八は、庄内藩への説得工作を内々に行うが、官軍側はこれを禁じていた裏工作と受け取り、庄内藩も大八を官軍のまわし者と決めつけた。かわいそうに大八は、双方を敵にまわしてしまう。

彼はそれでも、仙台藩へ働きかけを行ったが、その行動までがことごとく、周囲から疑惑の目を向けられることとなる。そうした中、恐れていた開戦の火蓋《ひぶた》が切られ、庄内藩の怒濤《どとう》の攻撃はついに官軍を退却させる事態となり、勢いを得た同藩軍はそのまま天童藩領＝村山郡へ進軍。略奪・暴行を開始した。

なかでも悲惨であったのは、博徒《ばくと》一千人が庄内藩兵として編入されていたことで、彼ら無頼漢《ぶらいかん》は火付け盗賊なんでもござれで、ついに天童領は火の海となり、「御殿」と呼ばれた殿様の陣屋——城ではない——も陥落してしまった。二万石の大名は、当然のごとく城をもてない。

一方の庄内藩は、奥州一近代兵器の装備が整った藩であった。史実、奥州戦争では無敗に近い戦果をあげていた。

この攻防戦は、大洪水をわずかな土嚢《どのう》で食い止めようとするようなものでしかなかった。所詮《しょせん》、守りきれずに天童藩兵は遁走《とんそう》した。

「小藩ほど、あわれなものはないな」

大八はこのとき、最前線の窪野目《くぼのめ》村（現・山形県天童市窪野目）にあったが、庄内藩兵に後方を遮断され、むしろ多勢の敵の中で孤立してしまっていた。しかたなく、山伝いに楯岡《たておか》（現・山形県村山市楯岡）まで退却したが、さしもの大八もどうすることもできない。

手を拱《こまね》いているうちに、天童での悪逆卑劣な人非人《にんぴにん》の行為が、庄内藩主・酒井忠篤《ただずみ》の耳にようやく届き、あまりの惨さに激怒した忠篤の厳命により、ようやく藩兵（無頼漢も含め）は撤兵するにいたった。が、天童藩士たちは、自分たちの領地を守ることができなかった。

家族を失い、家産を奪われ、焼け出された領民たちは、この無力な天童藩士たちに、怒りと侮蔑の視線をおくった。弱い者には何一つ発言権はなく、ただ弱いというだけで、強い者に踏みにじられる。まるで、虫けらのように――。

――それはおかしい。

天童に暮らす藩士たちは、心中でそう思っただろうが、多くの藩士たちは、このやり場のない怒り、悲しみ、嘆きを、責任者の大八に転嫁した。

「しかたあるまいよ」

大八に聞けば、この男はそう言ってさびしく笑ったことだろう。そういう、人物であった。

天童落館の閏《うるう》四月四日、米沢・仙台の両藩家老が、奥羽越列藩《おううえつれっぱん》の重役たちへ書状を送った。

「来たる十一日、白石《しろいし》にて列藩会議を開催したい」

列藩同盟への、参集の呼びかけであった。

大藩が連合して声をかけると、中小の藩は集まるもののようだ。

奥州諸藩に高飛車に接した、奥羽鎮撫総督府参謀の世良《せら》修蔵（長州藩士）は斬殺され（閏四月二十日）、それにつづく二十三日に白石において、さらには五月三日の仙台において、ついに奥羽越列藩三十一藩からなる、会津と庄内の両藩の赦免《しゃめん》を求める嘆願書が、新政府に提出された。

小国家老の責任の取り方

さて、この列藩同盟結成に対して、天童藩はどう対処したのか。新政府軍はこの事態を、さすがにまずい、と思ったのだろう。天童炎上における罹災者《りさいしゃ》に金一千両を届けたが、現地の大勢は列藩同盟にかたむいていった。閏四月十九日、天童藩では重役会議が開かれ、藩は正式に、官軍の先導職を辞任することが決議され、大八は解任されて、謹慎を命じられる。

すでに身の危険を感じていた彼は、昵懇《じっこん》の名主宅に潜んでいたが、切迫した状況を察して、それまで行動を共にしてきた長州藩の隊長の一人・桂太郎（のち内閣総理大臣）は、密《ひそ》かに大八の隠れ家を訪ね、親身になって、

「身の安全をはかりたまえ、一緒に官軍の本陣へまいりましょう」

と勧めたが、大八はその厚意を拒絶した。

自分が動けば、それを天童藩の意志だと思われてしまう、それはできない、というのが大八の言い分であった。

ところが、庄内藩では、そうした彼の心底も知らず、檄文《げきぶん》を発して、〝首魁《しゅかい》大八を生け捕りし者に金百両〟とぶちあげた。

天童藩はかつての代表大八を切り捨てて、列藩同盟に参加する。

「すべては当家、吉田大八の不取量より禍の発生したことにつき、慎《つつしみ》を申し付けておりますが、都合次第、厳刑を申し付けるつもりです」

家老の津田勘解由、長井広記の両名は、米沢藩を頼って同盟諸藩へ謝罪し、許しを乞うた。

それに対して庄内藩は、執拗に大八の身柄引き渡しを求めた。天童藩はさすがに、自藩の〝中老〟を売るわけにはいかない。かといって、このままでは天童藩織田家は空中分裂しかねなかった。

困惑した重役たちの結論は、大八に対して、

「すまぬが、自決してはもらえぬか」

というものであった。

大八はあきれ、怒り、溜息をつきつつ、この申し出を拒絶した。

そして自らが山形の同盟会議所へ出向き、すすんで捕縛されるにいたった。天童藩家老・高沢茂左衛門《えもん》らの立ち合いのもと、米沢・山形・仙台ら列藩諸士の、大八への取り調べが行われた。

奥羽越列藩同盟は、彼を血祭りにあげようとしたが、小国としての正論を吐く大八を、どうしても殺すことができない。結局、天童藩にその処分を一任した。

六月十七日、囚人として護送され、故郷へ帰りついた大八はその夜、母への遺書を認《したため》めている。


御先だち申しあげ候事、不孝のつみ御免《おゆる》し下され度《た》く候。申上《もうし》ぐるももったいなく候へども、御年召し候ては、ものをしみ候は、世人の習《ならい》に候あひだ、出入のものなどにうとまれ申さざる様、心付け下され度く候。又其内縫殿へえん相致し候へば、当人の気に入り候者、何とぞ不びん御加へ下され度く、縫殿《ぬいどの》へあひ申さざる事、残り惜《おし》く候。死期取りいそぎ候まま、あらあら筆とめ申上げ候。かし

く。

翌十八日、大八は自刃して果てた。享年、三十八。

彼の自死は結果として、天童領内を灰燼《かいじん》に帰した罪を一身に負い、藩士・領民に謝罪したことになった。奥羽越列藩同盟はこのあと、次々と新政府軍に敗れ、降参し、天童藩も九月十五日に降伏するにいたった。大八がもう少し生きてこの世にあれば、彼の運命も異なるものとなったかもしれない。

否、〝家老〟にまつりあげられ、やはり腹を切らされていた公算は高い。

なにしろ、さきに鎮撫使先導の名誉を担った、主君の織田兵部大輔《ひょうぶたいふ》信敏が、改めて朝敵となったのであるから。

「二千石を没収する」

わずか二万石しかなかった領地が、一万八千石となり、信敏は隠居を命じられた。

蛇足ながら、織田家は明治になって、わずかながら人材を中央に送った。

その一人が、大八の愛弟子ともいうべき宮城浩蔵《みやぎこうぞう》であり、彼は日本黎明期の法曹界の人となり、のちに明治法律学校（現・明治大学）を創業する三人の一人に数えられている。

「法の下の平等――」

草葉の陰で大八が聞けば、にっこり微笑んだに違いない。

もう一つあった、明治維新の可能性――仙台藩・伊達《だて》邦成《くにしげ》

悲劇の藩主

――ここ二十余年、ずっと気になっている人物がいる。

伊達《だて》邦成《くにしげ》という人で、この人物の名を知る人がいるとすれば、よほど歴史に造詣《ぞうけい》が深い人であるに違いない。筆者は明治維新以来、二十一世紀の今日までつづく日本の方向性は、「富国強兵」「殖産興業」――この二大スローガンであった、と思い込んできた。

ところが、まったく異なった可能性を幕末明治に考え出し、自ら実践した人物がいた。その人は一方で〝名家老〟と呼ぶに値する活躍をしている。それが、伊達邦成であった。

〝独眼龍〟こと伊達政宗を初代藩主とする仙台藩伊達家六十二万石には、いくつかの支藩があったが、その一つに亘理《わたり》藩二万三千石余が存在した。亘理藩主は代々、宗藩の宰相＝家老でありつづけた。この亘理藩主の座に、幕末就任したのが邦成であった。

天保十二年（一八四一）、同じく支藩の岩出山《いわでやま》藩一万四千石の藩主・伊達義監《よしあき》の次男として生まれ、のち亘理藩主・伊達邦実《くにざね》の養子となり、宗藩の伊達慶邦《よしくに》から〝邦〟の字を授けられ、「邦成」と名乗っ

た。

奥州の名門、北の雄藩として、幕藩体制に屹立《きつりつ》してきた仙台藩も、ペリー来航以来の幕末の混乱のなか、藩内は尊皇攘夷派と佐幕派が対立し、政局は混迷の度を加えていた。

慶応三年（一八六七）十月十四日、十五代将軍・徳川慶喜による大政奉還。

同年十二月九日、王政復古の大号令。

翌慶応四年正月三日、四日、鳥羽・伏見の戦いが勃発。旧幕府軍は、薩長軍に敗退した。

同年正月七日、新政府において慶喜追討令が発せられる。

同年四月十一日、江戸は無血開城し、慶喜は水戸へ退去した。

後世の人間が、この頃を年譜風に振り返れば、新政府のご一新は、ほぼ成立したようにみえる。

だが、その渦中に投げ込まれていた人々にとっては、すべてが混沌の中にあった。

現に、官軍によって占拠されているはずの江戸は、その治安維持を旧幕臣主体の彰義隊が担っていた。品川沖には、国内無双の旧幕府海軍の軍艦が沈黙を守って鎮座している。

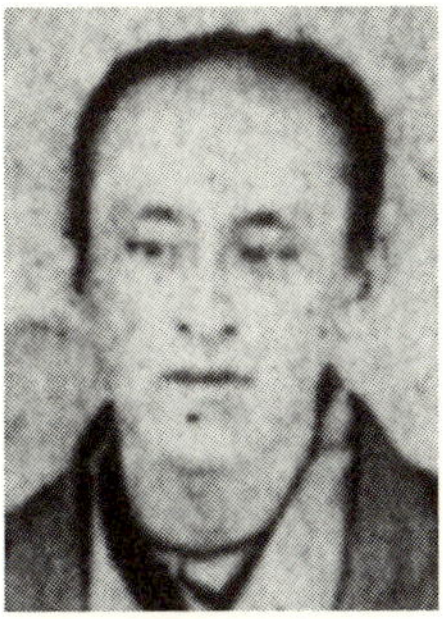
伊達邦成

西日本はなるほど、薩摩・長州・土佐・肥前佐賀の四藩を主力とする官軍が制圧したかもしれないが、東日本は依然として〝佐幕〟――徳川家に忠誠を尽くそうとする諸藩が大多数を占めていた。

彼らからみれば、新政府は一部西南雄藩によるクーデターにしか映らなかった。

鳥羽・伏見の戦いで旧幕府軍は官軍に敗れたとはいえ、切り札ともいうべき近代海軍、フランス式歩兵は、本格的な戦闘に及んでいなかった。それゆえの、ゆりかえし、反動でもあったのだろう。

「断じて、徳川恩顧《おんこ》の歴史を覆《くつがえ》されてたまるか――」

慶応四年閏《うるう》四月二十三日、奥羽各藩の代表が集まり、列藩同盟が結成された（二十五藩）。五月三日にはさらに北越六藩が参加し、「奥羽越列藩同盟」となる。さらにそこへ、五月十五日の上野戦争で彰義隊が勝手に担いだ、御輿《みこし》の輪王寺宮公現法親王《りんのうじのみやこうげんほっしんのう》が仙台藩へ来臨する事態となった。

彰義隊は官軍に敗れたとはいえ、輪王寺宮はまごうことなき皇族である。

京都を発して江戸へ攻めて来た官軍の総大将は、有栖川宮熾仁親王《ありすがわのみやたるひとしんのう》。これに対抗する象徴を、奥羽越列藩同盟は手にしたことになる。輪王寺宮を得て、同盟諸藩の士気は、いやがうえにも高まった。

さて、この間、仙台藩伊達家の宰相・伊達邦成は何をしていたのか。

彼はひたすら、恭順論《きょうじゅんろん》を説いていた。大勢はすでに決している。幕府が大政を奉還し、そのうえ前将軍・徳川慶喜すらが恭順しているのに、なぜ、奥羽越諸藩がそれに従わないのか。

戦うとして、目算《もくさん》はあるのか。近代海軍をもたず、近代陸軍もない。官軍は最新式の連発銃を多数もっているが、仙台藩には火縄銃しかなかった。

加えて、彼らは薩英戦争、長州の下関砲撃戦と、共に欧米列強と戦火を交えたことがあるが、泰平の夢の中にあった仙台藩は、合戦そのものを経験してもいない。

主将も不確かなら、戦略・戦術も確立されていない。にもかかわらず、三十一藩が加盟したということだけで、何とかなる、と武装決起するのはあまりにも向こう見ずであった。

「大局をみきわめよ――」

邦成は正論を吐き、同盟不可を論じたが、抗戦にこりかたまる藩士たちは、感情が先走りすぎて、とても言うことを聞くような状態ではなかった。ついに、決起した。

ところが、同盟軍の主力として各戦線に戦った仙台藩は、秋田口で善戦したものの、他の戦場では形勢不利で退却をつづけ、そこへ味方の米沢藩が降服したことを知らされる。

戦場での現実をみせつけられ、味方からの降参が出て、ようやく仙台藩は謝罪降服を決定した。少し遅れて、会津藩も降服する。

再生への苦境

十月、仙台藩主・慶邦は、「東京」と改称された江戸へ移され、十二月六日には仙台藩の石高は二十八万石に削減される処分が下された。より、哀れをとどめたのが、亘理藩であった。藩主である邦成は終始、恭順論を説きながら、宗藩のとばっちりを受けて、二万三千石しかない領地を五十八・五石（百三十俵）にまで削られてしまう。

当時、この藩には千三百六十二戸の藩士家族が暮らし、その総計は七千八百五十四名を数えた。

むろん、五十八・五石で生活できる道理はない。それでいて明治政府は高圧的で、餓死が嫌なら武士を捨てて帰農せよ、と吐き捨てるように迫った。

二者択一を迫られた亘理藩主・伊達邦成は、このいずれをも拒絶する。

「余は藩士とその家族とともに、蝦夷地《えぞち》（現・北海道）の開拓に従事する。伊達の武士道を貫くには、それ以外の道はあるまい」

邦成の決断は一見、無謀なものと思われた。

なるほど蝦夷地開拓は、国家の「北門の鎖鑰《さやく》」――北方の守り――であり、その意味では「武士たることの名誉」は名目上、保証される。ロシアの南下が進めば、あるいは戦闘となり、場合によっては「朝敵《ちょうてき》」の汚名を雪《そそ》げるかもしれない。

だが、国家からは一切の支援は望めなかった。無一文で、どうやって未開の荒野を拓《ひら》くというのか。邦成も、死中に活を求めるこの方策には、踏み切るまでにずいぶんと悩んでいる。

このおり、邦成から諮問された旧家老職の田村顕允《あきまさ》は、ただ一言、

「われに千三百六十二戸、男女七千八百五十四人の恩顧譜代の旧臣あり。この人々を資本となす」

と答申し、藩主・邦成をみやった。

顕允によれば、食うに禄《ろく》なく、住むに家なき藩士こそ、最高の資本だというのである。

このような決死の武士は、官軍にもいまい。つまり、われわれ「亘理」のみが持つ。資力の窮乏など恐れる必要はありません、と彼は言うのだった。

草の根を食し、木皮で命脈をつなごうとも、われわれは武士であらねばならぬ、とも顕允はいった。開拓執事《しつじ》となった顕允は、入植すべき土地選定に駆けずりまわり、明治二年（一八六九）に北海道と改まった蝦夷の行政区画十一ヵ国、八十六郡の中から、比較的雪の少ない地域を手に入れることに成功する。彼も〝名家老〟に区分して、よき人物に違いない。

胆振《いぶり》國ノ内有珠《うす》郡
右一郡其方《そのほう》支配仰《おお》セ付《つけ》ラレ候事《そうろうこと》　太政官（新政府）

渡航その他の費用は、すべて自弁。邦成はまず、代々の家財・宝物をことごとく売り尽くし、移住の費用にあてた。こうした主君の姿をみて、藩士たちも私財を投げ出していく。

移住に先立つ、支配地の受け取りには顕允が先行してあたり、有珠郡の土地が伊達の支配地と正式に定められ、境界に木標が立てられた（十月十四日）。

邦成は仙台から青森、函館（明治二年九月三十日に箱館を改称）を経由して、十月二十日に現地へ到着。一度、亘理へ戻って、明治三年三月二十七日、第一回移住のため、邦成は移住者二百二十人をひきいて仙台を出発した。四月六日、一行は室蘭《むろらん》に上陸している。

開墾が始められたのが四月十七日、荒野はまだ雪に覆われていたが、まず何よりも雨露《あめつゆ》をしのぎ、妻子を住まわせる小屋をつくらねばならない。幸い山では蕨《わらび》、蕗《ふき》、独活《うど》、胡桃《くるみ》、栗《くり》、ぶどうなどが採れ、海では浅蜊《あさり》、昆布、海苔、その他の魚介類が手に入り、川では石斑魚《うぐい》、山女《やまめ》などが捕れて食卓をいろどった。

だが、明治三年八月の第二回移住者（七十二名）が移り住むようになった頃には、何事も不馴れな開墾は、米の不作、穀物類の失敗を明らかにしていく。

事前に用意した米（南京米）で飢《う》えをしのぎつつも、人心は先行きの不安と望郷の念に、動揺しはじめる。亘理藩士のみならず、蝦夷地開拓を志した諸藩（多くは戊辰戦争で敗れた藩）では、すでに脱落、本州へ戻るものが多数出ていた。

「このままではいかん」

開拓を成功させたもの

仙台で事後処理にあたっていた邦成は、明治四年（一八七一）二月、七百八十八人を率いて自らが移住を決断する。その邦成の姿勢に、藩士やその家族は奮い立ったという。士族移住のなかで、藩主自らが参加した例は極めて少なかったからだ。

明治四年の夏と秋、再び不作と食糧不足が亘理の移住者を襲った。邦成は懸命に開拓使に掛け合ったが、米七百石と金三千九百五十円が貸し下げられただけで、亘理の人々の言語を絶する艱難《かんなん》は、わずかに一息をついたほどでしかなかった。

さらには明治四年八月、彼らの拠りどころであった「武士の名誉」回復を断ち切るように、新政府は士分としての独立支配を取り消し、彼らを「民籍」へ編入してしまう。

亘理藩士たちの、ショックは大きかった。失望、自堕落になりかけた藩士たちに、

「成果をもって、取り返そう」

邦成はそう言って、人々を励ました。

旧藩士たちはこの悲憤に耐え、幾度となく襲ってくる生活の困窮にも、そのつど身を寄せ合い、いたわり合って、どこまでも気高く、武士らしく生きようと必死につとめた。

卑《いや》しいことはすまい、何事も一致団結して助け合おう、雄々しく生き抜こう——云々。開拓にあたった他藩の士族たちが、つぎつぎに脱落していく中にあって、旧亘理藩士の郡内だけは、徐々に開墾の規模を広げ、安定した成果をおさめるようになる。

明治十四年、十八戸の第九回移住まで、総数およそ二千七百人の旧亘理藩士とその家族たちが、移住を終えていた。同十八年五月四日、ときの札幌県は、「北海全道に冠絶し、他の移住の亀鑑《きかん》（手本）にも相成」とその成果を認め、旧亘理藩士の「士族籍回復」の手続きをとった。明治政府は同年七月、これを許可している。

旧藩士を督励《とくれい》し、ヨーロッパ式耕法を導入した邦成は、明治三十七年十一月二十九日、己れの決断の正しかったことに満足しながら、六十四年の生涯を閉じた。

なお、邦成以下が入植した有珠郡の地域は、現在、伊達市となっている。

毛利勝永を支えた男——毛利家／土佐藩・山内《やまうち》四郎兵衛《しろべえ》

もう一人いた〝真田幸村〟

歴史はときに、人物を贔屓《ひいき》にする。

たとえば、大坂の陣における**真田左衛門佐幸村**《さなださえもんのすけゆきむら》（正しくは信繁《のぶしげ》）に好意を寄せる人は少なくない。

なるほど、冬の陣では大坂城の死角に真田丸を築いて孤軍奮闘。つづく夏の陣では、徳川家康の首を狙って勇猛果敢《ゆうもうかかん》に突撃し、無敵を誇る徳川軍を追い散らして、家康に二度までも自害を覚悟させた活躍はすばらしい。

だが、この決戦は大坂方の計画通りに行れたものではなかった。幸村の真逆の方向から、家康を討つべく突貫を敢行し、幸村に勝るとも劣らない戦果をあげた、もう一人の〝真田幸村〟がいたのだが、歴史はこの人物を記すことを怠りがちだ。

「其《その》地位なり、技倆《ぎりょう》なり、之《これ》（幸村）と雁行《がんこう》し（ななめに並び）、くつばみ（轡《くつわ》）を並べて相馳《あいは》せた——」

と、福本日南《ふくもとにちなん》が著書『大阪城の七将星《しちしょうせい》』に述べた、〝七将星〟の一人、**毛利豊前守勝永**《もうりぶぜんのかみかつなが》であった。

日南に言わせれば、もし明治十年（一八七七）の西南戦争における桐野利秋《きりのとしあき》が、幸村ならば、勝永はまさしく篠原国幹《しのはらくにもと》に相当するという。

「而《しこ》うして利秋と国幹が（西郷）隆盛の左右の手と謳はれたやうに、幸村と勝永《かつなが》も亦《また》城中の雙璧《そうへき》であった」

と。

二人は共に、〝天下分け目〟の関ヶ原の戦いにおいて、石田三成率いる西軍に与《くみ》し、敗れてのち、流罪となっている。勝永は父・壱岐守勝信《いきのかみかつのぶ》ともども土佐へ流され、同国の国守となった山内一豊のもとへ、預けられた。勝永の諱には別に吉政《よしまさ》とあり、史書は一族が絶滅したからであろう、生年を詳《つまび》らかにはしていない。

父・勝信（あるいは吉成《よしなり》）も、息子同様に智謀の将であったようだ。

いまだ豊臣秀吉が、織田信長の一部将でしかなかった頃より、それに従い、各地に転戦して頭角をあらわし、秀吉の親衛隊＝黄母衣《きほろ》衆の一人に抜擢され、とりわけ〝中国大返し〟では黒田官兵衛と共に殿軍《しんがり》をつとめ、山崎の合戦、賤ヶ岳《しずがたけ》の戦いに殊勲《しゅくん》を樹《た》て、秀吉が九州を平定すると、天正十五年（一五八七）六月、豊前小倉に六万石を領有した（豊前の企救《きく》、田川二郡）。預かり地などを含めると、実質十余万石となっている（このおり、官兵衛は豊前中津に十二万石であった）。

それまでの姓は「森」であったが、秀吉があえて「毛利」に改姓させたという。

この勝信も、息子勝永同様にいささか依怙贔屓《えこひいき》されたものか、役割は九州探題に相当し、官兵衛と同じ奉行を兼ねたにもかかわらず、官兵衛ほどに、世にその名は知られていない（勝永同様、生年が不詳）。

勝永はよほど才覚があったのであろう、父が六万石拝領したおり、別に一万石を与えられている。

関ヶ原の戦いでは、父は小倉に立て籠もり、勝永は兵を率いて東上し、伏見城攻めに参戦。決戦の当日は定められた南宮山にあったが、前衛の毛利軍の主力・吉川広家が事前に東軍と交渉して働かず、そのため勝永も兵を繰り出すことができなかった。

不戦敗といってよい。このとき一説に、勝永は二十三歳。父子は京の建仁寺《けんにんじ》に入って、潔く罪を待ったが、領土は没収。その身は、土佐へお預けとなった。

「このままでは、すまさぬ」

無念の涙をのんだ勝信―勝永父子は、改めて家康への復讐を誓ったものの、父は病に臥してしまい、慶長十六年（一六一一）九月に、土佐で亡くなってしまった。このあたりも、真田昌幸―幸村父子と事情がよく似ている。

もっとも、流されたとはいえ、もとは大名である。千石の捨て扶持《ぶち》はもらっていた。

それに山内一豊は、秀吉の大坂城開闢《かいびゃく》のおり、勝信と隣り合わせに屋敷を構えていた。もともとは、同じ釜の飯を食った同輩であった。

しかし、土佐の山内家の人々は、勝永が隙あらば大坂城へ入城しようと考えているのではないか、とその心底を疑っていた。それを知ってか知らずか、彼は茶の湯にうつつを抜かし、わずかばかりの家来、たとえば窪田甚三郎《くぼたじんざぶろう》などを京都や大坂に派遣しては、茶器を求めさせていた。山内家の人々は、その姿に少しずつ「大坂入城はない」と安心していったようだが、甚三郎は大坂城にある大野治長《おおのはるなが》の従弟《いとこ》であり、彼らは密かに連絡を取り合っていたようだ。

主君の意地に殉ずる

疑心暗鬼の山内家の人々が、それでも勝永の挙兵はない、と判断していたのは、勝信の時代から毛利家の家老をつとめていた**山内四郎兵衛**《やまうちしろべえ》の存在が大きかった。

彼は毛利家の改易、勝信・勝永父子の遠流《おんる》にともない、山内家に再仕官しており、二千石取り馬廻り役の身分を得、旧主君の監視を命じられていた。

この四郎兵衛の目をごまかして、武器弾薬を集め、旧臣と連絡を取ることは不可能であった。

普通なら、この人物をも疑うものだが、四郎兵衛はよほど実直な人柄であったのだろう。

「かの人に、まかせておけば大丈夫――」

と誰しもが思った。

加えてもう一人、勝永の弟・権兵衛吉近（あるいは吉通）も二千石をもって山内家に仕えていた。こちらは「山内」姓まで、与えられている。家老の待遇でもあり、吉近はいわば山内家にとっての、最後の砦であったに違いない。

ところが、山内四郎兵衛、山内権兵衛ともに、勝永の味方であった（あるいは、この二人は同一人物なのかもしれない)。

どこまでも、主君の意地を通させてやろうと考えた。

慶長十年(一六〇五)、いよいよ大坂＝豊臣家が関東＝家康と手切れとなるに及び、勝永のもとへ大坂城からの招聘《しょうへい》の書状がくる。

「さて――」

その夜、彼は密かに妻や旧臣たちに語った。

先年、関ヶ原では何ほどのこともできなかったが、私にはどうしてもやり遂げねばならない志がある。

しかし、「口外に出し難し」(『明良洪範《めいりょうこうはん》』)――。

これに対して妻は、

「毛利の家に、嫁《か》することは前世よりの宿縁《しゅくえん》でしょう。何をそれほど、思案されるのですか。女は一度嫁したからには、その夫とともに浮き沈みを経験するのが生きる道です。願わくば、その志を聞かせて下さい」

と。勝永は妻のことばに、大坂入城の決意を語った。

「わが家は武名をもって、天下に聞こえて六世になる。とくに父上は、名誉を輝かされた。しかるに私は、この辺鄙《へんぴ》に流謫《るたく》したまま、虚《むな》しく朽ちはてねばならない」

これは本意ではない、と勝永は言った。

ぜひにも秀頼公に属して、華々しく戦い、関ヶ原の敗戦の汚名を雪《すす》がんと思う、とも。けれども、自分がこの地を逃亡したら、妻子は捕らえられるであろう。それが気がかりなのだ、と彼は言う。

すると妻は笑って、

「それは、お言葉が違いましょう。大丈夫《だいじょうぶ》たらん君が、妻子のためにほだされて、武名を汚さんとこそ、真に恥ずべきことにございます」

速やかに嫡子の式部勝家（一説に十五歳、別に永俊）を連れて、この地を立ち去り、先祖伝来の家名を興してください、ときっぱりと言った。

このおり勝永には男子が二人、娘が一人いた。

もう一人の次男・鶴千代（別に藤兵衛、太郎兵衛）は一説に九歳。とてもともなっては行けない。

「よいですか、私たち残った家族のことなど、心に止めてはいけませぬぞ」

と念まで押して。

この妻は、よほどできた女《ひと》であったのだろう。

「もし、あなたさまが討死なさいましたなら、わたくしも土佐の海に身を投げて、ともに死にましょう。勝利されましたならば、再会もかなうはずです」

そういわれて勝永は喜び、嫡子・勝家をともなって土佐を去ることにした。

もっとも、中世においても土佐は遠流の地に定められていた土地柄。荒波を越えて大坂にたどりつくのは容易なことではなかった。

その段取りを、四郎兵衛が担当した。

彼は勝永が、国主・山内忠義《やまうちただよし》（一豊の嫡養子）の役に立ちたい、との話を仲介し、偽って出国する手助けをした。おかげで勝永は、大坂城に無事入城することができた。

が、逃亡を幇助《ほうじょ》した四郎兵衛は切腹を命じられ、勝永の妻子は捕らえられる。

勝永の弟・権兵衛は山内家を去り、浅野家に仕えた、ともいう（福島成行著『土佐遺蹟志《とさいせきし》』）。

将星、地に堕つ

駿府にあった家康は、忠義からの訴えに対して、

「丈夫の志あるものは皆、斯《かく》の如し」

と答え、妻子を罰してもしかたない、と返答した。そこで山内家は、勝永の妻子を城中に保護し、当面は養うこととなる。

大坂城入城を果たした勝永は、長宗我部盛親《もりちか》、幸村と相並んで、〝三人衆〟の一人に数えられ、冬の陣ではかねてからの手筈で集った旧臣、秀頼からの与力を得て、五千の軍勢を率いて、西の丸西部の防衛にあたった。

一度の講和を挾《はさ》んだ夏の陣では、すでに大坂城はまるはだか。幸村の茶臼山に比して、勝永は天王寺に陣営を構えた。

後藤又兵衛、薄田《すすきだ》隼人正《はやとのしょう》らが戦場の露《つゆ》と消える中、総退却の殿軍をつとめた勝永は、さらに乾坤《けんこん》一擲《いってき》、家康の一命を狙っての敵中突破を敢行する。

敵は総勢十八万五千、勝永の指揮する軍勢はわずかに三千余。

それでいて勝永は第一、第二、第三の攻城三軍を撃破している。一方の幸村は第四、五、六、七の四軍を抜き、家康の本営へ肉迫した。

もし、当初の作戦通りに、このとき、秀頼が戦場に出馬してくれれば、家康の首は幸村によってあげられていたかもしれない。

あと、ほんの少し。幸村は、無念の戦死を遂げる。享年四十九。

勝永はまだ死ねない。家康の本営を襲い、重装防御に阻まれるや、第十四、十五の攻城軍の中を分け入り、ついには大坂城内へ生還している。なんという用兵の妙、胆力、勇志か。

――しかし、ここまでであった。

「将星地に堕《お》ちて、本城守ならず」（前掲『大阪城の七将星』）

勝永は秀頼を介錯《かいしゃく》し、そのあと息子の勝家らと自刃、主人のあとを追った。

一説に、勝永は三十六歳。勝家は十六歳とも。

父と兄の挙兵により、何も知らない鶴千代は首をはねられて、勝永の男系はここに絶えた。

それにしても、一人の名将（主君）の陰には、四郎兵衛のような無名の〝名家老〟が、幾人も礎《いしずえ》となっていたに相違ない。

上杉鷹山を補佐し改革に着手——米沢藩・竹俣当綱《たけのまたまさつな》

「士窮《しきゅう》すれば乃《すなわ》ち節義を見る」（韓文公《かんぶんこう》「柳子厚墓誌銘《りゅうしこうぼしめい》」）という。士たるものは困窮した場合にこそ、毅然たる節義を顕《あらわ》すもので、小人《しょうじん》は窮すれば濫《みだ》れる

との意である。

おかしなもので、国家にせよ企業にしても、およそ組織と名のつくものには、いよいよの瀬戸際《せとぎわ》になると、かならずと言っていいほど忠臣、良材が出現する。

楽天家の名家

米沢藩も崩壊間近になって、**竹俣当綱**《たけのまたまさつな》が現れた。彼には多くの同志があり、上には上杉治憲《うえすぎはるのり》（号して鷹山《ようざん》）という名君を戴《いただ》いて、藩政改革にあたることとなる。当綱は米沢藩の藩政改革を、「筆頭《ひっとう》奉行《ぶぎょう》」として断行した藩中興《ちゅうこう》の功臣であったが、彼には組織再建にたずさわる、中心的人物としての資質、条件が備わっていた。

同じ条件を備えた彼の先祖に、越後竹俣城主・竹俣三河守慶綱《よしつな》が記録されている。慶綱は上杉謙信の側近として、その天衣無縫《てんいむほう》の合戦指揮を助け、謙信の死後は後継者・上杉景勝を補佐した人物。

子孫は代々、上杉家の最上位家臣団である「侍組《さむらいぐみ》」（計九十六家）に属していた。当綱は、享保《きょうほう》十四年（一七二九）の生まれである。不幸にも三歳にして、父・本綱を失った。一説にこの父は、発狂の末に自刃《じじん》したともいう。祖父・充綱《みつつな》に養育され、十八歳で家督を継いでいる。この年は、上杉重定が八代藩主となった年でもあった。

およそ父親の存在も知らないまま、祖父の愛情で育った当綱は、嫡子であったことから厳しくは教育されただろうが、半面、大切に扱われ、性格的には楽天家に育ったようだ。学問はよくできたというから、才気煥発《さいきかんぱつ》でもあったのだろう。後日、同志として交わる藁科松伯《わらしなしょうはく》の門に学び、その縁で上杉鷹山の師となる細井平洲《ほそいへいしゅう》につき、実践的な儒学＝行動哲学に触れた。それは学問の独立を謳うものではなく、儒学をもって実際の政治に聖賢の道を実践するというものであった。換言すれば、現実に役立たぬ学問は学問でない、ということになる。

さいわい藁科門下では、莅戸《のぞき》九郎兵衛（善政）、木村丈八（高広）、神保容助（綱忠《つなただ》）といった、身分や年齢を超えた友人と出会い、藩政改革についても、具体的に検討し、話し合うことができた。

このプロセスがなければ、当時専横を極めた家老・森平右衛門暗殺は、ただの感情的なものとして、多くの人の目に映ったかもしれない。

当綱にとって藩政改革は、己れに課せられた命題となっていた。

「なんとかなる――」

楽天家らしい思いを胸に、種々、改革の方策を検討したが、そのなかでこの先、大きな障害となる人物に気がついた。藩主の重定である。

なにしろ、米沢藩が今日明日にも潰れるか、という瀬戸際にあっても、この藩主は贅沢三昧の日常をあらためようとせず、国許には東・西・南の各部屋に三人の側室をもち、そのほかにも、お手つきが十数人もいるというありさま。のちに、上杉鷹山の跡を襲って、十代藩主となる治広は、西のお部屋さま・お勢《せい》を生母としている。

また、重定は乱舞の観宴に凝り、しきりに興行を催しては、舞台の造営などに財貨を投じ、藩士や領民の凄惨な生活に目を向けようとはしなかった。

(このような藩主を戴いていては、いかなる改革の妙案といえども実現できはせぬ)

当綱は、藩の再建を次代の藩主に託した。

そして、宝暦《ほうれき》十三年(一七六三)二月、森平右衛門が誅殺され、翌明和《めいわ》元年(一七六四)、藩主・重定の、領国の幕府への返上を決意する旨が述べられた。

この二つの事件は、決して無縁のものではなかったはずだ。筆者には、急進派の当綱が扇動し、一か八かの大博奕《おおばくち》を打ったのではないか、と思えてならない。

徳川幕藩体制が開始されて以来、財政苦から大名が版籍返納を願い出たのは、これがはじめてのケースではなかったろうか。

このおりは、親戚の尾張藩主・徳川宗勝に説得されて重定は思い留《とど》まったものの、彼の後を引き継いだのが、養子の治憲=鷹山であった。

「水難、旱魃《かんばつ》、大火、幕府の手伝い普請、これらの一つでも発生すれば、上杉家はたちまち立ち行かなくなる」

とまでいわれた瀕死の状態での、藩主の交代であった。

度重なる試練

十七歳にして藩主となった鷹山は、直ぐさま、大藩意識を払拭すべく、藩中に大がかりな倹約令を発した。再建の困難さ、苦しさは、同じ境遇を経てきたものにしか、本来は理解できないものかもしれない。鷹山はこの事実を、藩主就任後に思い知らされることになる。

藩士、領民を塗炭の苦しみから救うことこそ、己れに課せられた天命だ、と思い定め、倹約令を発した鷹山だったが、国許の執政たちはこの倹約令に同意せず、鷹山は孤立する。

しかるべき背景をもたない養子の身の上（彼の実家・高鍋藩秋月家は当時、二万七千石）、実績のない若さが、頑迷な老臣たちに侮られ、つけ入る隙を与えてしまった。しかし、鷹山はあきらめない。

重臣一人ひとりに、親書をもって説得を試みた。文面は嘆願に等しい低姿勢なものであったが、重臣たちはこれをも黙殺する。あまりのことに、前藩主・重定が重い腰を上げ、重臣たちに有無をいわせず従わせる一幕もあったが、若手藩士のなかには、藩士を区別することなく、自身が率先して倹約を実行した鷹山の姿に、共感する者も、わずかずつではあったが出はじめる。

大きな改革ほど、短期日の成果は望めるものではない。また、多くは無味乾燥で、地味な努力の積み重ねでしかなかった。それだけに、安永二年（一七七三）には、帰国した鷹山に、重臣たちが弾劾状をつきつけ、即答を迫るといった事件も起きている。二十五歳の鷹山は即答を避けたが、重臣の中には主君の袴の裾をとり、引きすえようとした者もいた。藩政の傾きは、主従関係をここまで悪化させていたのである。重定が出向いて重臣を叱ると、彼らは病《やまい》と称して出仕しなくなった。

養子の身である鷹山は、義父・重定に気兼ねして、重臣たちを罰することができなかったが、重定が鷹山を促し、七人の保守派重臣を処分して、ようやく改革派の天下がやってきた。

藩財政の収支という、当時としては藩のトップシークレットともいうべきものを、治憲は全藩士に公開し、藩政改革を指揮していた当綱は通達を発して、全藩士に呼びかけた。

要約すれば、つぎのようになる。

「藩が衰亡しつつある事実は、誰もが知っていたであろう。だが、これまでは具体的な数字については知らなかったのであるから、全体的な事情については知る由もなかったはずだ。

しかし、このたびの公開でそれらが明白になった。

十五万石の領地からあがる年貢は、ほとんどが家中の者への知行や扶持米にあてられ、公的な支出は借入金でまかなわれてきた。これが元禄十四年（一七〇一）に始まり、山積みされて今日にいたっている。対策としては、寛延三年（一七五〇）より家中からの借り上げなどもつづけてきたが、利息の支払いだけで精一杯で、これから先も元金返済の目途が立っていない。

すなわち、このままの状態では、いつまでたっても正常な姿に戻らないということだ。われわれ、その役にあたる者としても、実は途方に暮れている。

さて、この苦境から脱するには、特別な妙案などというものはない。ただ、土地を生かして農・桑のふたつを盛んにし、荒地を開墾して、あるいは国産品（藩の特産物）を増産して、年収を徐々にでも向上させる以外に方法はない。いかに現状が厳しくとも、上下ともに心を合わせ、努力をするならば、必ずやこの絶望的な状態から脱することができるはずである。

このような通達に接すれば、藩士のなかには、今日が苦しいのに未来を待つことなどできない、と思う者がいるかもしれない。とは申せ、子や孫の先々を思わぬ者はあるまい。たとえいまは貧乏であっても、それに屈せずに倹約を守って、贅沢《ぜいたく》を慎しみ、貯えに力を尽くせば、再建は決して不可能ではない。衰亡の国を豊饒《ほうじょう》の国に変えるには、これまでのごとくなりゆき任せでは無理である。ここのところを十分にわきまえてほしい。苦は楽の種という言葉を味わい、疑うことなく努力をつづけていこうではないか。

それぞれの生活を立て直すには、各自の決断によるが、〝入るをはかって、出づるを制する〟のを忘れてはならない。元服、婚礼、葬儀、法事、あるいは衣食住、交際や遊興などあろうが、すべてによく心を配り、生活を大切に考えてくれるならば、世のなかは住みよくなるにちがいない」

当綱はそれぞれの組頭を通じて、右のごとく通達して、万一、心得ちがいの者があれば、ねんごろに教え諭すように、また、この通達を読んでお上のお役に立つようなことに気づけば、何なりと申し述べよ、と口頭によって付け加えた。彼にしても、必死の思いであったにちがいあるまい。

"衰国の挽回"具体策

藩政改革には、重臣の尊い死と処分がすでになされているのだ。不幸にして対立し、処断された政敵のためにも、この改革はやり遂げねばならなかった。当綱は全藩士への、現状公開にすべてを賭した。まさに、「背水の陣」であった。当綱は『墨子』のつぎの言葉をかみしめていたはずである。

「無用の費《つい》えを去るは、聖王の道にして、天下の大利《だいり》なり」（国を治めるのにいちばん必要なことは、無用の出費をなくすことである。それは昔の聖人王者の道であり、天下のいちばんの利益でもある）

と同時に、当綱は米沢藩の厳しい財政難のなか、一方では、"衰国の挽回"をはかるべく、具体策を講じていった。先の通達にもあるとおり、いかに大倹約を実行しようとも、それだけでは、膨大な赤字の根源＝二十万両におよぶ負債は解消しない。

そこで当綱は、各地の地質調査、過去に遡《さかのぼ》っての農作物の推移などを研究、立地に適合する桑、漆、楮《こうぞ》などの栽培を企てた。つまり、三十万石が十五万石に削減されて今日の赤字が発生したのだから、藩士はこの半減分を農作物を増やすことで、財政挽回の目安とすべし、と説いたわけだ。

「樹芸役場」

というものが、新設された。当綱はここを本部として、漆、桑、楮のそれぞれ百万本植栽という、破天荒ともいえる事業を立案する。

「経済は人々の生活、つまり、身命を養い、衣服により飢えや寒気をしのぐための根源である。経済が円滑に推移しなければ、世上は衰えさびれて、今日の暮しもつづきがたくなり、果ては、飢と寒の境に苦しみ、ついには国を亡ぼしてしまう。そうした例は多い。窮すれば濫《らん》生ず（濫とは、とり乱す意）、とはすなわちこのことである。

それにもかかわらず、ご時勢は衰えて、文武に励まず忠孝の念も薄れ、ただひたすら、貧苦ばかりが迫り、動く力もなくなって、貴賤《きせん》・尊卑《そんぴ》すべての人々は日夜の苦しみ、見てのとおりである（中略）。

今日、われ人ともに、のちのちのことに疎く、飢寒をしのぎかねているのも、治世の道に暗いがゆえである。このときに臨んで、人々が心を合わせ、力を尽くせば、かならずや三年にして一定のことはなし遂げられる。いまさら昔日《せきじつ》の繁栄を願ってみても、とてもそうはならない。とすれば、現実の、あるだけの領地を領地として、別途、過去の収入を得るやり方もあろうというもの。それはとくに奇妙な方法でも、不思議なことをするのでもない。

ただただ、農桑をすすめて、領土を開墾し、藩の特産物を盛んにして、苦境にある人々を救うことのほかはないのである」

十五万石の領地が、米沢藩立時の三十万石の昔に戻ることはありえない。幕府が取り潰した藩をひとつとして再興しなかった事実が、これを如実《にょじつ》に物語っている。しからば、表高十五万石のまま、あらゆる工夫をこらして、実高（実収入）を三十万石にすればよい、と当綱はいうのである。

改革派の藩庁はそれをさらに、具体的な数字をもって示した。

一、漆木百万本——利益一万九千百五十七両

一、桑木百万本――利益七千四百七両
一、楮木百万本――利益五千五百五十五両

合計すると、三万二千百十九両となる。いま仮に、百石を二十両とすると、十六万五百九十五石となる。すなわち、新たに植えた諸木の収入が、現在の表高を上まわることになるのだ。

当綱はこれらの数字を、藩士や領民にも示した。示しながら、十年後、二十年後、そして百年後の米沢藩を語ったのである。計画は一見して実行不可能なものであった。が、こうした具体的な計画をもたずに、抽象的なアドバルーンのみをいくら上げようとも、もはや、窮しきった米沢藩の藩士や領民には、シラケ顔で無視されたのがおちであったろう。

だが、計画の破天荒さは、それを実施する困難さをともなう。

「たしかに素晴らしい計画ですが、この各百万本を植えるための資金は、どこから調達すればよいのでしょうか?」

問われて、答えられなければ、竹俣当綱の存在は滑稽なものとなる。

万一の場合の遠慮

先代重定の藩主在籍中、上野東叡山の手伝い普請が米沢藩にふりかかった。

むろん、金はない。そこでもっとも懇意にしていた江戸の豪商・三谷三九郎のところへ、藩主・重定自身が出向いて助力を依頼したが、ついに一文も借りることができなかった。

江戸、大坂、京都——どこへ行っても「上杉」というだけで、貧乏神が舞いこんだかのように、露骨にいやな顔をされた。それもそうだろう。借金をしては踏み倒し、せめて利息だけでもと追いすがっても、それすらなかなか支払ってもらえない。米沢藩上杉家といえば、名を聞いただけで用件を聞こうともせず、いかなる金貸しも逃げ出してしまう。

重定の隠居の一因には、この露骨なまでの金貸したちの拒絶反応があったとさえ伝えられているほどだ。先の森平右衛門は三九郎を見かぎり、藩の産物を他の豪商に一任することで、急場をしのぐ方法をとった。当綱は平右衛門の移した利権を、ふたたび三九郎に戻して、彼から再建のための融資を引き出そうとした。そのため、「奉行」の座に就任して以来、当綱は再三にわたって三九郎に、隠すことなく藩財政の現状を語り、「取箇帳《とりかちよう》」（収入簿）が作成されると、それも閲覧させている。

三九郎の警戒心も、徐々にではあったが、解けていった。当綱は頃合いを見計らって、試算した三百万本植樹の苗木代金五千両の話を切り出す。

これまでであれば、五千両を借用したい、というところを当綱は、藩内の収入三千五百両を差し引いた千五百両のみを依頼した。そのうえ、再建計画の下見にきた三九郎の手代・喜右衛門を、領内のすみずみまで案内し、再建策がどのような段階にあるかまで具体的に説明した。単に融資を求めるというのではなく、共同事業として参加してほしい、といった思いを込めて接したのである。

天下の名門・上杉家といった意識は取りはずし、金貸しの手代に対しても、まるで同格の藩の家老とでも接するがごとく、饗応するにも細心の気配りをした。

当初こそ猜疑心を露わにしていた三九郎も、当綱を信じるに足る武士と認めるようになり、そうなればそこは商人のこと、これまでの経緯にこだわって、みすみす儲け話を逃したりはしないものだ。とくに富豪と呼ばれる人々は、目先よりも、十年、二十年先の利益をはやばやと算盤ではじいた。

「よくわかりましてございます」

三谷三九郎は、苗木代あわせて、一万一千両を用立てた。

ただちに、三百万本の植樹作戦は開始される。当綱は残余の巨額な小判をもって、他の高利貸しからの借入金を交渉で圧縮すると、できるかぎりを返済し、一方で、藩の〝贅沢〟一掃に励んだ。

竹俣当綱のしたたかさは、心底、三谷三九郎に依存しながらも、借金を三九郎のもとに一本化しなかったところにもうかがえる。三九郎に借金のいっさいを頼れば、この先、なりゆきによっては、米沢藩の去就を左右されかねない。三九郎にそのような大《だい》それた考えはなくとも、次代まで同様のつきあいができる保証はなかった。

万一の場合をも考慮しておく。

執政としての当綱は、冷徹なまでにバランス関係を保った。雑多な借金先を整理しながら、江戸の勘定所御用達・三谷三九郎のほかに、出羽酒田《さかた》の大地主・本間庄五郎、越後の三輪権平、おなじく岩船郡下関村の豪農・渡辺儀右衛門などとも、つながりをもちつづけた。

よしんば藩政改革が失敗に帰し、これまでにも増して負債が積もろうとも、これだけ地域も業態も相違する富豪を引き入れておけば、三谷三九郎の貸し金がいかに大きくとも、一豪商に一藩が左右されることもあるまい、との判断が当綱にはあった。

十五万石の藩が、三十万石の収入を得ようとする大計画が、ようやくにしてスタートした。

屋敷の空き地、寺院の境内、神社の参道、およそ空地という空地は、地質を考慮したうえで、漆、桑、楮の三種類のうちのいずれかの苗木が植えられた。が、利益を生むのは、早くて十年先のことである。藩士には多少の頑張りは期待できたものの、日常の農作を受けもち、そのうえ新たな仕事を増やされた農民は、内心、この改革に不満であった。当座の足しにならないから、無理もなかった。

それを権力にものをいわせて、押さえこもうとしても、結局はサボタージュによって、苗木を枯らされればそれまでである。そこで当綱は、農村の老人や子どもに苗木の世話をさせようと考えた。苗木に水をやり、雑草抜きや害虫駆除をするくらいなら、老人や子どもにできぬことでもあるまい。

問題なのは、やる気を起こさせることであった。

「苗木一尺（約三十センチ）を超えるものを、一本植えつければ、二十文の奨励金を支給する」

当綱は〝利〟で、やる気を買おうとした。これまでに植えつけられた苗木は、厳密に区別され、漆木については実がなれば藩が市場価格で買い上げると宣言した。

当然のことながら、苗木が枯れた場合は、植え継ぐ作業が義務づけられ、これに反した者には二十文の罰金が科せられた。苗木の成長は、厳重に監視するというのだ。

従来の農作物は農民にとって、租税として徴収されるだけのものであったが、この当綱の方針にしたがえば、新たに植え付けられたものには、買い上げ＝農民の収入という特典もついた。

画期的な提案は、農民たちを大いに喜ばせ、彼らが勇み立って苗木の植え付けに邁進したのはいうまでもあるまい。

切り札は織物技術

この時期、竹俣当綱は、米沢では昔から青苧《あおそ》の穫れた事実にも注目していた。

これまでも藩では、漆とならんでこの青苧が、主要輸出品として大切に扱われている。衣類の素材として大量の需要があり、青苧を奨励するためには、年貢として納入され藩が一定の価格で売買する「蔵苧」と、商人を介して農民が自由に売買が許された「商人苧」とに分けるなど、生産の向上に工夫をしてきた。

当綱はこの青苧の商品価値を、さらに高められないか、と考えたのである。つまり、より高い付加価値を求めたのだが、それには、素材のままで藩外に売られる青苧を、布に織る技術さえ加えれば、奈良の晒《さらし》、小千谷の縮《ちぢみ》といった名産品と同様に、米沢の特産ともなるのではないかと考えた。

だが、どこの名産品もその生産、製作過程のノウハウは、最高の秘密とされ、どこにおいても生産・製作が可能となれば、当然、付加価値は下落せざるをえなくなる。市場での価格を維持するために、各藩では織物や工芸品、陶器といった特産品、名産物の生産・製作のためのノウハウは、藩外不出扱いとなっていた。米沢藩は、青苧により付加価値を高めるための織布技術を欲していた。

「織物技術さえあれば……」

そうはいっても、容易に入手できないのは、今日の企業においても、産業スパイの熾烈さが取り沙汰される一事からも知れよう。

しかしながら、やらねば巨額の負債を解消し、将来とも安定した財政を築く目途は失われる。原料・素材より、加工品までの一貫した体制――そのための技術開発さえあれば……。

当綱は、改革派の藩士・小倉伝左衛門と小出村の肝煎・横山忠兵衛の二人を、越後の東頸城《くびき》郡松山（現・新潟県十日町《とおかまち》市松之山《まつのやま》）へ派遣した。安永五年（一七七六）のことである。米沢藩へ融資していた越後の金主も、蔭ながら協力したのではなかろうか。織物技術者を雇い入れようとしたが、越後では地元の名主をはじめとする雇用妨害もあって、かなりの軋轢《あつれき》を惹き起こしたようだ。

それでもこの一事だけは、多少の強引さをもってしても、やり遂げねばならなかった。

小倉と横山の両名は、生命《いのち》を賭して東奔西走し、ついには縮師・源右衛門の一家と、職工ふたりを米沢に連れ帰ることに成功したのである。米沢藩は城下の北寺町（現・米沢市中央三・四・五・七丁目）の蔵屋敷に縮布製造工場を設け、また、分工場を下長井の小出村・横山忠兵衛宅に設置した。

装置も貧弱で、藩政改革を担って登場した切り札とは、到底思えぬ工場であったという。

北寺町はほとんどが寺院であったが、町の一角に明暦元年（一六五五）、藩の備籾蔵屋敷と蔵守役人の屋敷が並び、安永三年（一七七四）には、新たに籾倉三棟が増設されている。改革派にとって、重要な拠点のひとつであったのであろう。

縮織の染料になる藍《あい》についても、青苧とともに製品化が計画され、安永二年には仙台から、大友次助を指南役に招き、官園を開いている。

三年後には藍染物役場を設置し、やがては他国産品の輸入をする措置をとった。

藩内で生産される藍玉と紅花は、あくまで藩内で製品化する方向を打ち出したのであり、輸入を減じて輸出を増やし、外貨を獲得しようとするのは、時代を超えた〝富国策〟の基本であったといえる。

しかしながら、こうした先行投資の諸政策は、かならずしも即効性を発揮してはくれない。そればかりか、さらなる投資は、改革の大きな負担となることも少なくなかった。

安永年間（一七七二〜一七八一）を通じて推しすすめられた、いささか急な藩政改革は、藩士のみならず領民にも重度の疲労を与え、いわば、ふらふらになりつつランナーがゴールを目指すようなもので、運よくゴールインできればともかく、万一、少しでも計算が狂えば、途中でリタイアを余儀なくされる危うさを秘めていた。

この時期、竹俣当綱は、ひとり凄まじい精神力で八面六臂《はちめんろっぴ》の大活躍を演じていた。

新政策を立案・計画し、実施にあたっては陣頭指揮をとり、国家百年の大計のためには、難しい先行投資にも手を染めた。

安永七年（一七七八）の記録によれば、例の漆の苗木植樹の奨励期に、係の役人が無責任にも役目を実行しなかったため、当綱自身が畔藤村まで出向いて、手斧を握って漆の大木を切り倒し、三百七十余本の苗木を採取したとある。とにかく、彼は行動の人であった。

〝名家老〟の失脚

しかし当綱は、藩政改革に敏腕を振るいすぎた感がある。

役所の合理化も徹底して実行した。不用と思える部門はなくし、または統合し、日勤であった郡奉行も、仕事がない日は出仕に及ばず、と通達。総じて、出勤日数を減じた。

これは行政がスムーズに行えるように、非能率的部門を改善し、機構の再整備を促進するとともに、諸経費の節減を狙ったのだろう。だが、こうした快刀乱麻を断つがごときやり口は、当然のこととして、休眠中の保守派を刺激せずにはおかなかった。

「速かならんことを欲すれば、則ち達せず」（『論語』）

という言葉もあった。

なにごとにおいても、急いではならない。功名心などにはやって事を急げば、かならず不測の事態が生じ、結局は目的達成はできない、というのである。当綱にはこの先、苛酷《かこく》な運命が待っていた。

安永六年（一七七七）、突如として当綱が辞意を口にした。

鷹山は、これを聞くと、深夜に密かに当綱の私邸を訪問し、留意の説得にあたった。当綱としても、主君に叩頭させては、なおも辞めるとはいえない。このときは思いとどまったものの、四年後の天明元年（一七八一）、こんどは職を奪われ、幽閉を命ぜられる仕儀となった。

多くの〝鷹山もの〟では、この当綱の不面目を、当人の奢りによる悲劇ととらえている。かつての改革派のリーダーも、歳月が経つほどに腐敗堕落し、刻苦精励《こっくせいれい》の自制心を失ったのだという。

その根拠は、この年の八月十二日、村々を巡視中の当綱が、小松に一泊。この地の豪農の屋敷で酒宴を催した。翌十三日は藩祖・上杉謙信の忌日であった。この日は藩をあげて喪に服し、藩主は数日前から斎戒沐浴《さいかいもくよく》、精進潔斎《しょうじんけっさい》して身を慎み清め、御堂に参詣《さんけい》するしきたりとなっていた。

それにもかかわらず当綱は、座敷に屏風を立てまわし、そのなかで蠟燭をあかあかと灯し、

「この灯火が消えぬうちは、この座敷は十二日のままじゃ。みなの者、かまわぬ、飲め唄え」

と騒ぎつづけたというのだ。

この話には、いささか異議を唱えたい。

かりにも当綱は改革派のリーダーであり、鷹山より早く細井平洲の門に学んだ人物でもあった。右のごとき行為を、わざとらしく行った裏に、何もなかったとは考えにくい。

たしかにこの脱線は、事実であるかもしれない。が、それはあくまで表面上で、当綱の大失態を演じた裏に、この人物らしい計算があったのではないか、と思えてならないのだが……。

その計算とは何か。独断と偏見をもっていえば、藩政改革失敗の責任をとったのではないだろうか、と筆者は密かに思っている。失敗が過言ならば、藩財政の再建は至難で、この時期にいたってもいっこうに好転しなかった、その全責任を負ってということであろう。

藩主・治憲もそれを承知のうえで、当綱を、泣いて馬謖を斬るように、失脚させたのではなかったろうか。そうしなければ、保守派の追及をかわせなかったのである。

竹俣当綱は御役を免ぜられると、かつての保守派の中核・芋川《いもかわ》家へ「押込」となった。ときに五十

四歳。当綱の胸中はいかばかりであったろうか。藩政改革の方向を見失ったとか、方法を大きく誤ったとは思っていない。だが、実績が表面化するのに時間がかかりすぎた。

鷹山による、当綱の処分は迅速をきわめ、しかも、江戸からの示達一本ですませている。

藩政改革にしても、昨今の企業危機突破の努力にしろ、根幹部分においてはなんら変わるところはない。経営者やそれに準ずる者は、己れの力量で危機をしのぎ、切り抜けねばならない。

米沢藩を預かった竹俣当綱は自らを始末したことになる。経営とは本来、これほどまでに厳しいものなのであろう。いまひとつ、竹俣当綱の失脚は、変革のための第一期が、すでにその役割を終えたことを物語っていた。改革にも段階がある。

第一期を担った当綱は、その後、寛政五年（一七九三）まで生きた。享年は六十五。

鷹山は引き続いての第二期を見届けて、文政五年（一八二二）三月に、七十二歳でこの世を去った。

このとき、米沢藩の負債はことごとく返済されていた。

第四章
成功と失敗の条件

〝米百俵〟に真実を託した〝無念〟――長岡藩・小林虎三郎《こばやしとらさぶろう》

教育こそ国の礎

幕末の日本にあって、和漢の学を修め、さらに洋学にも手を染めて、これをまたたく間に究め、惑星の如くに活躍した人物に、**佐久間象山**《さくましょうざん》（「ゾウザン」とも）がいた。

勝海舟の号である「海舟」は、もともとこの象山の達筆で表されたものであり、明治維新の立役者たる海舟も、一面、象山の弟子といえなくもなかった。

橋本左内《はしもとさない》（越前福井藩士）、坂本龍馬（土佐藩脱藩郷士）、加藤弘之《かとうひろゆき》（但馬出石《たじまいずし》藩士・のち帝大総長）なども、象山門下である。

学才において、並ぶ者なし、といわれた象山だが、彼は一面、狷狭《けんきょう》（気が短く心がせまい）であった。だからこそ、主君であり、老中兼海防掛もつとめた、松代藩真田《さなだ》家八代藩主・幸貫《ゆきつら》の補佐役を命じられながら、暗殺されるという最期を遂げたともいえる。

その人を誉めない象山が、めずらしく次のようなことを口にしていた。

義卿《ぎけい》の胆略、炳文《へいぶん》の学識、皆稀世《きせい》の才なり。但《ただ》事を天下に為す者は、吉田子なるべく、我子を依託して教育せしむべき者は、独《ひと》り小林子なるのみ。（『小林寒翠《かんすい》翁略伝』）

象山門下の中で、とくに〝両虎〟と併称された**吉田寅次郎**（松陰《しょういん》）と**小林虎三郎**（寒翠《かんすい》）の二人について、述べたものであった。

字《あざな》（実名以外に呼び習わされた名）を義卿と称された松陰は「胆略」、虎三郎＝炳文《へいぶん》（字）は「学識」——各々を認めた師の象山は、回天の大業を成すのは松陰であり、わが子を託してその教育を任せられるのは虎三郎である、との思いがあったようだ。

前者が松下村塾の主宰者として、明治維新に多くの人材を送り出したのに比べ、後者は作家・山本有三の珠玉《しゅぎょく》の戯曲「米百俵《こめひゃっぴょう》」で、わずかながら後世に復権した。松陰より二歳年上の虎三郎は、文《ぶん》政《せい》十一年（一八二八）に越後長岡藩七万四千石（実高十万石）の藩士に生まれている。

小林虎三郎

この長岡藩は、初代の藩主が徳川家康麾下《きか》にあって〝徳川十七将〟に数えられた牧野忠成《まきのただなり》——「常在戦場」（常に戦場にある心をもって生きる）を藩風にかかげ、代々に伝えた家柄であった。

虎三郎の父・小林又兵衛（誠斎）は、新潟町奉行などをつとめた人であったが、一面、地方に埋もれるようにして生きていながら、象山をして常にその存在を意識させる学識の持ち主でもあった。

又兵衛と象山は学問上の友であり、又兵衛は己れの嗣子・虎三郎の教育を、象山に委《ゆだ》ねた（虎三郎は三男ではあったが、兄二人が夭折《ようせつ》したため、家督を継ぐことになる）。

虎三郎が象山の門を叩いたのは嘉永四年（一八五一）、二十四歳のときであった。

一時、同じ長岡藩士・河井継之助《かわいつぐのすけ》も象山に学んだが、

「どうも腹に面白くない所がある」（今泉鐸次郎《いまいずみたくじろう》著『河井継之助伝《かわいつぐのすけでん》』）

と敬服できず、結局は実学派、財政家の山田方谷《ほうこく》の門に直《なお》ってしまう（第二章参照）。

己れ以上の人物はいない、と世を睥睨《へいげい》していた象山が認《したた》めただけのことはある。とにかく虎三郎は、学問ができた。入門する前、十八歳で藩校「崇徳館《そうとくかん》」の助教をつとめており、入門二年後には、早くも象山塾の塾頭となっている。オランダ語の原書講読では、彼が師の代講をつとめていた。

一方で虎三郎は、努力の人でもあった。彼の顔は一面に天然痘の痕があり、俗にいうアバタ面で、そのうえ幼時の事故で左眼を失明していた。加えて、体が弱い。のちに「病翁《へいおう》」と自ら称したように、今日でいうリウマチか神経痛＝「風湿《ふうしつ》」に、さらに胸部疾患。加えてのちには、肝硬変も併発。一度、結婚したものの、この病体が原因で離婚したとも伝えられていた。

嘉永六年六月、そうした虎三郎の前にペリー率いる黒船がやってきた。

このとき象山と虎三郎の師弟は、急ぎ浦賀へ直行し、黒船を視察している（一日遅れて、松陰が二人を追いかけてくる）。

また、日米和親条約により下田の開港が取り沙汰されると、象山と虎三郎は日本の将来を考え、む

しろ横浜を開港すべきだと主張し、虎三郎は藩主・牧野忠雅《ただまさ》に、下田開港反対の建白書を提出した。このとき忠雅は、海防掛月番の老中であったが、二十八歳の学者の直言に怒り、これを譴責《けんせき》。帰国・謹慎処分としている。

我に万古の心あり

虎三郎は、謹慎のありあまる時間の中で考えた。黒船来航によって、幕府は改革を断行したが、効果があがっていない。なぜか。

夫《そ》れ、当今の患此《かく》の如《ごと》し。果して能《よ》く学をして上に在り、文武百官をして学ばざることあるなく、其職をして皆《みな》為に実ならしむるにあらずんば、何を以《もっ》てか焉《これ》を済《すく》わん。然《しか》り而《しこう》して、之《これ》を為《な》すの要は、教養を広め以て人材を育し、官制を修めて任使を専《もっぱ》らにするに在るのみ。（小林虎三郎著『興学私議』）

上に立つものが学ばず、文武百官これに従って学問をせず、その職責が空虚になっているからではないか。それを救うには、迂回《うかい》の策にみえようとも、人々が広い教養を身につけ、人材を育成し、しかも官制を整備して、その適材適所の登用をすることが必要だ、と虎三郎は言う。

別なところで彼は、国家の強弱は国民の強弱＝学問や仕事、国民的元気さによって決まる、とも述べていた。

教育の重要性を痛切に感じた虎三郎であったが、その志はもちいられることなく、無情に歳月は流れていき、松陰や橋本左内の安政の大獄における処刑。師・象山の蟄居とその後の横死。さらには大政奉還、王政復古の大号令、そして戊辰戦争――。

好むと好まざるとにかかわらず、幕末の騒乱の中に長岡藩牧野家も巻き込まれていく。

慶応四年（一八六八）正月にはじまる戊辰戦争において、かつての学友・河井継之助は、虹のような自説を展開した。新政府軍＝官軍にもつかず、佐幕派諸藩とも手を結ばず、自藩のみの「中立」をもって官軍側へ談判に及ぶ、というもの。夢のような理想論であった。別に、佐幕派陣営に与して、官軍と戦おうという者も少なくない。

これらに対して、あくまで恭順の意を表し、官軍に降るべきだ、と説いたのが虎三郎であった。

人間は内心の本音を、なかなか口に出せない。ついつい、威勢のいい論調、荷担しやすい説に賛同してしまう。衆議の結果、河井の「中立」派が藩是となり、虎三郎は孤立し、はじかれるように閉居した。

このとき、彼が詠んだ五言六句の詩が、「清夜の吟」である。以下、読み下す。

天に万古《ばんこ》の月あり
我に万古の心あり
清夜高楼の上

欄《らん》に憑《よ》って聊《いささ》か襟《えり》を開く
天上万古の月
我が万古の心を照らす

虎三郎は己れの心中を、今に理解してくれるのは、昔から変わらずに照らしてくれる月の光だけだ、というのである。

河井は藩論をまとめ、小千谷《おぢや》（現・新潟県小千谷市）に迫った官軍のもとへ談判に赴くが、もとより〝中立〟などという虫のいい話が、認められるはずもなかった。官軍は否応《いやおう》なく火蓋《ひぶた》を切り、結果として長岡の城下は三度の戦火に曝《さら》され、焼かれ、河井は途中で戦病没してしまう（享年四十二）。

挙句、長岡藩は謝罪の文を官軍側へ送って、帰順を願い出、ついに降服するにいたった。

官軍に刃向かって〝国賊〟となった長岡藩は、石高を一気に二万四千石に削られるなど、徹底した意趣返しを受ける。実収でみれば五分の一となり、藩内は焼け野原——その一方で藩は、戦死者の遺族、戦傷者の家族の面倒もみなければならなくなっていた。

虎三郎は、会津に落ちた藩主に随行して仙台まで行き、米沢を明治元年（一八六八）十一月五日に出発（九月八日に「明治」と改元）。年末にようやく、長岡へ帰り着いた（藩主忠訓《ただくに》は十月二十三日に仙台謹慎中、上京の命を受ける）。

新政府への謝罪文も、実は虎三郎が書いたものであった。

そして〝国賊〟長岡において、明治二年八月、「文武総督《もんむそうとく》」を引き受け、その二ヵ月後には長岡藩大参事に選ばれる。江戸時代でいう、筆頭家老であった。

彼は大きな声で、周囲に言いたかったに違いない。

「だから、言ったではないか――」

と。先に逝った河井を、罵倒《ばとう》したかったかもしれない。

だが、この大参事は何一つ表だって愚痴《ぐち》を言わず、表情も険しくせずに、黙々と己れに課せられた長岡再建の職責を果たしていった。

歴史は繰り返すのか

藩士の家族は白米はむろんのこと、三度のおかゆすら満足に食せず、その惨状をみかねた支藩の三根山藩から、米百表が送られてきた。

「これで一息つける」

と喜んだ藩士たちに、虎三郎はこの百俵で学校を建てる、と宣言する。

藩士は何を悠長な、まずは食べることではないか、と虎三郎を非難したが、彼は動じない。長岡の敗戦にふれ、堂々の自説を述べた。山本の戯曲では、次のような言葉となる。

「――人物がおりさえしたら、こんな痛ましい事は起こりはしなかったのだ。（中略）おれのやり方は、まわりくどいかもしれぬ。すぐには役にたたないかもしれぬ。しかし、藩を、長岡を、立てなおすには、これよりほかに道はないのだ」

ここが、重要であった。虎三郎は勇《いさ》ましい論、華々しい感情論に押されて、中立を藩是とした長岡藩を、藩士たちを、心底から恨《うら》んでいた。より具体的には、河井継之助の考え方への憎《にく》しみである。あのような人物が出たとき、冷静沈着に物事を考え、判断できる人間が多数いなかったことが、長岡藩牧野家の悲劇であり、虎三郎の痛恨事《つうこんじ》であった。

換言すれば、彼の創ろうとした学校は、「中庸《ちゅうよう》」（心構えが中正で、いきすぎや不足のないこと）を行くリベラルな人間を育成するための学校であったといえる。

やがて、「国漢学校《こっかんがっこう》」と名付けられた学校が、明治三年（一八七〇）六月十五日に新築された。学校長は、虎三郎自らがつとめている。旧幕時代の藩校「崇徳館」とは異なり、儒学に国学を新たに加え、さらに国史を扱うことにした。

これまでは洋学の分野であった地理学や窮理学、博物学なども学科に加え、門扇《もんせん》（門扉《もんぴ》）を藩士の子弟のみならず、一般の領民にまで広げて開放した。

「貴賤賢愚《きせんけんぐ》の別なく、皆入るべき所」

と、この学校を位置づけた虎三郎は、県庁から病気療養を命ぜられた直後、明治四年七月に「病翁《へいおう》」と己れの号を改めた（四十四歳）。

病の進行が、彼の教育への志をついに奪ってしまう。明治十年八月二十四日、虎三郎は東京向島の弟・雄七郎の屋敷で、ひっそりと息をひきとった。享年は五十である。

蛇足ながら、国漢学校は新政府の学制に組み入れられ、のちに阪之上小学校、長岡中学、洋学校、医学校などに分岐していく。

国漢学校の遺伝子をより濃く受け継ぐ、名門・長岡中学校からは、その後、東京帝大の総長をはじめ、幾多の人材が各界に輩出された。なかでも注目すべきは、そうした卒業生の中に、太平洋戦争開戦時の、連合艦隊司令長官・山本五十六《いそろく》がいたことである。五十六は、ときの総理大臣・近衛文麿に、一年や一年半は存分に戦ってみせますが、そのあとは責任がもてません、と公言しつつ、開戦へ踏み込んだ。

後年、井上成美《いのうえしげよし》大将は、

「あのとき、山本さんが戦争しても日本は敗れます、とはっきり言っていれば、日本は開戦にはならなかっただろう」

と回想している。

山本五十六の言動は、幕末の河井継之助とどこが違うのであろうか。酷似したものであったとすれば、小林虎三郎が必死に求めた〝米百俵〟の理想は、本当の意味で成就したといえるのであろうか。

歴史を部分である「点」で、捉えてはいけない。前後をつないだ「線」で読み込んでこそ、見えてくる真実もあるのである。

それにしても小林虎三郎の理想は、〝永遠〟と呼ぶにふさわしいように思われてならない。

苛斂誅求で領民に君臨――松江藩・朝日丹波茂保《あさひたんばしげやす》

政敵に学んだ家老

出雲松江藩十八万六千石の七代藩主・**松平治郷**《まつだいらはるさと》は、その号をもちいては茶道〝不昧流《ふまい》〟において、開祖として位置づけられている。

近世諸侯中、「明和《めいわ》の改革」を成功させた〝中興の祖〟〝名君〟と称《たた》えられる一方、道楽藩主、風流藩主、粋人《すいじん》ともいわれてきた。どちらが、本当の姿だったのか。

実は共に、まぎれもない治郷であった。

彼が父である先代・**宗衍**《むねのぶ》のあとを受け、藩主として登場したのは十七歳のときであった。後年、有名となる茶道に志したのが十八歳、禅を極めようとしたのが十九歳のときであった。

藩主となった治郷が、最初に取り組まねばならなかったのが、ご多分に漏れず、藩財政の再建――父の代から松江藩の財政は、飢饉などの天災とそれによる百姓一揆などで、窮迫していた。

三歳で藩主となった先代宗衍《むねのぶ》は、十七歳で出雲（現・島根県東部）へ入国。その前年には、藩士にむこう五年間の給与半減を申し渡していた。なんとしても、藩財政を再建する、との強い意志で覚悟を固めた宗衍は、「御直捌《おじきさばき》」＝自ら親政を開始する。これを補佐したのが、中老の小田切備中尚足《おだぎりびっちゅうひさたり》であった。

小田切はまず、年貢以外の収入を確保すべく、藩営の金融機関「泉府方《せんぷかた》」を創設。富豪や大地主に、その出資を募った。集めた金を貸し付け、その利息を藩の収入に回そうと、考えたわけだ。

また、「義田方《ぎでんかた》」を設け、多額の米や銭を先納した者には、一定期間、租税を免じるという優遇措置も講じた。さらには、新田開発者には「新田方」を設けて、一時金を上納すれば、永代に税を免除する、との特約もつけた。

藩営の「釜甑方《ふそうかた》」（鋳物《いもの》工場）で鍋や釜、農具などを鋳造《ちゅうぞう》。「木実方《きのみかた》」で蠟燭《ろうそく》の原料となる櫨《はぜ》の栽培から製品化まで行い、これを藩の特産品とした。

小田切の企画・立案は、どれも藩政改革期の大名家にあって、水準を超えるものばかりであった。

が、「泉府方」の資金繰りが焦げついたことにより、彼は失脚してしまう。

加えて、藩主・宗衍は病弱であり、宝暦二年（一七五二）には親政も停止してしまった。

もし、宗衍がもう少しがんばり、小田切を庇《かば》ってやれば、この改革は軌道に乗ったように思われる。

そうなれば小田切は、まごうことなき〝名家老〟に列したに違いない。

ようは、宗衍に心底、生命《いのち》懸けでやり抜く覚悟がなかったのだ。

その証左に、小田切は遺書『報国』を遺している。そこには自ら企てた施策が、中途半端な形で断念させられたことへの、無念の思いがつづられていた。

皮肉なことだが、小田切の無念を、一番肝に銘じたのが、小田切の政敵ともいうべき家老の**朝日丹《あさひたん》波茂保《ばしげやす》**であった。

彼は宗衍が親政を開始するまで、藩政を切り盛りしてきた人物である。

明和《めいわ》四年（一七六七）に藩主・宗衔が隠居し、小田切と入れ替わりで藩政に復帰した丹波は、このときすでに六十三歳。

にもかかわらず、十七歳の新しい主君・治郷を助けて、数々の施策に着手する。

否、何とかせねばならない瀬戸際まで、この藩は追い詰められていたのである。

出雲藩松平家の貧窮ぶりは、凄まじいものであった。藩主がたったの一両を工面しようとしても、江戸中の誰も、貸してはくれなかった、との挿話が残っている。

「いよいよ、出雲松平さまは滅亡――」

とまで、噂されるありさまであった。

丹波の臨んだ改革は、のちに「御立派《おたては》」の新法と呼ばれることになる。が、それにしてもなぜ、治郷は丹波の再任に踏み切ったのであろうか。一度は失脚した人物である。

幕府の手伝い普請《ぶしん》である比叡山《ひえいざん》山門修築を、丹波が総奉行としてそつなく、やりとげたからであったという。その実績を評価し、改めての藩財政再建を、この人物に託したというわけだ。

丹波はまず、江戸藩邸の綱紀《こうき》引き締めを行い、経費節減と人員整理を断行。一説に約千人を解雇し、藩士のみならず、庄屋や村役人も一新した。幕閣への贈り物も廃止し、借金の厳禁を申し渡してもいる。次に藩の負債の処理に手を染め、「闕年《けつねん》」と称する債務の廃棄を、一方的に債権者である富豪や地主に通達した。当然のごとく、証文を反故《ほご》にされた債権者は納得せず、藩上層部への圧力をはじめ、ありとあらゆる手段を講じて、丹波を責め立てた。

しかし、彼はいかなる抗議にも屈せず、心折れることなく、ついには借金証文を紙くずとすることに成功する。たいしたものである。なぜ、貫徹できたのか。

「やり抜く覚悟がなければ、先代のときのようになる——」

丹波は誰よりも、先の小田切の失敗を教訓としていた。

不昧公の誕生の裏に

そうしておいて一方で、税収の増額をはかるべく、ありとあらゆる非道を実践した。

たとえば、三斗五升（約五十キログラム）入りであった米俵を、三斗俵に変えたり、〝五公五民〟〝六公四民〟が原則であった年貢米《ねんぐまい》を、明和八年（一七七一）には〝七公三民〟＝六十九パーセントの高率にまで引き上げ、藩庫をふとらせるよう努力した。

検地を行って、登録された作付け面積をチェック。隠田や隠畑の摘発を容赦なく行い、離農の禁止、長期間の年賦《ねんぷ》返済についても辣腕《らつわん》を振るっている。

加えて、小田切の発案の中で、使えるものは改めて再開した。手段を選ばない——それが、丹波の強さであった。

そうした厳しい政策の推進に、藩主の治郷自身が音《ね》をあげることもしばしばであったという。

それでも丹波は手を休めることなく、藩主治郷に、

「殿、今が肝心なおりです。初心を忘れてはなりませぬ」

と言って、励ました。

また、一徹者の丹波は治郷の茶道さえ、遊び事として認めようとはせず、口を開けば、即刻止めるように、と諫言《かんげん》するありさま。

これだけの質素倹約、一方における苛斂誅求を徹底して、成果が上がらなければ、むしろ、その方がおかしいというべきであろう。松江藩の財政状態は、藩士・農民への皺寄せという形をとりつつ、徐々にではあったが藩にとっては好転し、藩庫もしだいに潤沢《じゅんたく》になっていった。

治郷の藩主就任時、わずかに六百九十両しかなかった藩の蓄えは、翌明和五年には七千二百三十七両に増え、以来、毎年数千両ずつ増加した。

明和六年、丹波は主君の一字を拝領し、名の茂保を「郷保《さとやす》」と改めた。

丹波の死後、寛政《かんせい》十年（一七九八）には、九万七百両あまりを藩庫に蓄えることに成功している。

——次のような、エピソードが残されていた。

ある時、丹波はふと、苦労の甲斐があって、年々藩庫に千両箱が山積されていく現場を、主君の治郷にも見せてやりたい、との誘惑に駆られた。さぞ、喜んでくれるだろう、とつい治郷を金蔵に案内し、千両箱の山を上覧に供してしまう。

「殿、もはや安心なされませ、世間とて〝雲州様滅亡〟などとは申しますまい」

治郷は、飛びあがらんばかりに喜んだ。

ところが、その喜びがあまりにも大きすぎたのであろう、この日を境にして治郷の態度が一変、趣味の茶の湯に入れあげ、高価な名茶器集めがはじまった。天下の名器収集に、湯水のごとく金を費やすようになってしまったのである。丹波はいたく後悔したというが、これこそ後の祭り。

事実、治郷は贅沢《ぜいたく》というより、浪費に等しいような茶器あさりをしている。天明《てんめい》元年（一七八一）に丹波が隠居し、その二年後にこの世を去るや、もはや治郷に遠慮する必要などなくなってしまう。

かつて秀吉に献じられたという、「油屋肩衝《かたつき》の茶入れ」を江戸の商人から千六百両もの大金で買い入れ、また、室町八代将軍・足利義政《よしまさ》が所蔵したという唐物《からもの》「残月肩衝《ざんげつかたつき》」などの名器を、手当たり次第に買い求めた。

「天下の名物、残らず集め候」

茶の湯仲間の大名に、治郷は宣言している。

彼の収集した茶の湯の道具類は、『雲州公御蔵帳《うんしゅうこうおくらちょう》』に五百点以上も掲載されている。治郷はそれらを『古今名物類聚《ここんめいぶつるいじゅ》』に載せ、あるいは研究の成果を『瀬戸陶器濫觴《せとうきらんしょう》』に発表したりした。わけても彼の名器収集は、有閑《ゆうかん》大名の蒐集癖《しゅうしゅうへき》の域にとどまることなく、これら名器を卓越した見識によって鑑定し、分類整理していったところに、他の名器収集家と違った秀逸さがうかがえた。

こうしたことがまた、茶人・松平不昧の名を世上に高らしめたに違いない。

「わが流派は立てず」

と自身で言いながら、世間に〝不昧流《ふまいりゅう》〟と呼ばれることになる文化人としての治郷はともかく、こうみてくると治郷を、〝名君〟と呼んでいいのかどうか。いささか躊躇《ちゅうちょ》を覚える。

世はいわゆる、封建時代である。領民への搾取《さくしゅ》があってもおかしくはないが、所詮《しょせん》、治郷の天下名器の蒐集《しゅうしゅう》も、巨万の財を費《つい》やしてなされたものであり、その裏で、無力な領民の苦しみが顧《かえり》みられなかったことを思えば、首を傾《かし》げたくもなる。

同様に丹波は、さて、〝名家老〟と呼べるのだろうか。

ただ、不昧流は出雲を中心に、今も隆盛《りゅうせい》を極めている。領民の子孫へ、還元されたと考えれば、多少の救いとなるかもしれない。

派閥抗争の末に切腹、〝二の丸騒動〟の主役——高島藩・千野《ちの》兵庫《ひょうご》

二大派閥の抗争

例外なく、組織には派閥が存在する。これは善し、悪しの問題ではない。
要所を固め、効率よく組織全体を運営するためには、同じ考え方、志を持つものが、徒党を組むのは今も昔も変わらない。赤穂《あこう》浪士四十七士も、いわば派閥の一つだ。組織存続の、当然の帰結といえようか。

どのような国、地方公共団体、企業、大学であっても、経営・運営にかかわる賛成派、反対派、中間派は存在した。現在の大企業では、部長クラスから派閥入りとなるようだが、この場合、閨閥《けいばつ》・学閥《がくばつ》がものをいうことがけっこうある。誰の娘を妻にしたのか、誰と同じ大学を出たのか、誰と郷里が同じなのか……。

まして戦国時代、江戸時代の大名家にあっては、その人の生まれ落ちた「家」が、すでに何処《いずこ》かの派閥に属している、といったことが珍しくなかった。

こうなってくると、どれだけ本人が仕事ができて立派な人物であったとしても、「家」の属した派

閥の趨勢《すうせい》次第では、栄達出世の道を閉ざされる人生を、歩まされることも往々にして起きた。〝運命〟としか言いようがない。凄まじきものは、宮仕えである。

信濃（現・長野県）高島藩二万七千石（のち三万二千石）諏訪《すわ》家をみると、なおさらこのことが理解しやすい。

この家は鎌倉以来、諏訪地方（現・長野県諏訪市周辺）を勢力下においていた、諏訪神社の神官＝大祝《おおはふ》の末裔《まつえい》であり、戦国時代には武田信玄の支配を受けたが、〝天下分け目〟の関ヶ原の戦いでは諏訪頼忠《よりただ》の嫡子・頼水《よりみず》が東軍＝徳川家康に従い、移封。以来、十代二百七十年近く同地に在封した。

二代藩主・忠恒《ただつね》まで藩主の親政であったが、以後は重臣たちによる合議制へ移り、なかでも千野《ちの》、諏訪の両家老が代々、ほぼ交互に藩政を担当していた、と、いってよい。ともに、知行千二百石。

千野家は鎌倉時代からの諏訪氏の有力家臣であり、高島城三の丸に屋敷をもっていた。そのため、「三の丸家」と呼ばれた。一方、諏訪家は主家と同じ姓――初代藩主である頼水の弟・美作守《みまさかのかみ》頼勝《よりかつ》から出た家で、二の丸に屋敷を構えていたことから、「二の丸家」と呼称されていた。

この小大名家が、派閥争いで後世に名を残したのは、三十二年間、藩主をつとめた五代・**諏訪《すわ》忠林《ただとき》**が隠居＝**忠厚《ただあつ》**が封を継いだことに端を発していた。

六代藩主・忠林は、文人大名として知られてはいたが、分家の旗本からの養子入りであり、江戸生まれの彼は諏訪の事情にも疎《うと》く、病弱なこともあって、まったく藩政を顧みなかった。次代の忠厚も同断である。そのため藩政運営の主導権をめぐって、家老間の派閥抗争が表面化してしまう。

忠厚の藩主就任時、上席家老は千野《ちの》兵庫《ひょうご》貞亮《さだすけ》であったが、明和七年（一七七〇）に隠居中の忠林が病没すると、勢力挽回をはかって家老・諏訪図書頼英《ずしょよりひで》の嫡男・大助頼保《だいすけよりやす》が、父の名代となり、部屋住みのまま、家老職を継承した。大助は二十七歳。千野兵庫は大助より八歳も年長であった。

大助は忠厚の加護を得ていた江戸詰の用人・渡辺助左衛門と結託、兵庫の打ち出した倹約政策にケチをつけ、忠厚に讒言《ざんげん》してこれを排除することに成功する（明和の一件）。

渡辺と大助は、姻戚《いんせき》関係でもあった。

百五十石の加増を受けた大助は、以来、八年間、自ら主導する藩政を展開した。惣検地《そうけんち》を実施し、土地台帳の修正、運送業者への課税、水利開発のための調整など、新規の財源確保のための手を、次々と打っていった。

藩政には熱心であったが、一方で賄賂《わいろ》を公然と受け取り、自宅前で歌舞伎・狂言を興行、庭に茶屋を設けて女性を引き入れたなどと、権勢におごった乱行が風評された。

安永八年（一七七九）、一時はお叱りを受けて失脚した兵庫は、この年、江戸家老に返り咲く。

さっそく、大助の乱脈ぶりを訴え、これによって大助は失脚する。家老職を罷免され、知行扶持を没収され、逼塞《ひっそく》処分となった（安永の一件という）。

ところで、派閥抗争のきわめて深刻な点は、一方を完全に、根絶やしできないところにあった。

大助は失脚したが、渡辺助左衛門はまだ藩政の中にいた。当然、現政権の転覆を虎視眈々《こしたんたん》と狙っている。

〝名家老〟を決するもの

——そこへ、忠厚の後継問題が浮上した。

子供に恵まれなかった忠厚は、江戸藩邸の腰元おとめとの間にできた軍次郎を、夫人（備後福山藩十万石二代藩主・阿部正福《まさとみ》の息女）にひきとらせ、養育させていた。が、実は忠厚には江戸近郷の豪農・北川氏の娘おきそが生んだ、鶴蔵という子供がもう一人いたのである（軍次郎が三歳年長）。

大助はこの二人の子を対立させ、自らは一方の鶴蔵を後継に推した。渡辺が工作に動く。

しかし、兵庫にも江戸詰で、林平内左衛門という同じ派閥の部下がいた。兵庫は藩主の正室が養育している軍次郎こそ、と考え、忠厚に諫言しようとするが、渡辺に妨害されて果たせず失敗。自らは、帰国謹慎を命じられる。

タイミングを合わせて、渡辺は先の大助の失脚＝兵庫の告発が、デッチ上げだったと上訴。結果、大助は江戸へ召還され、再び上席家老に再勤することになった。

忠厚の正室を離縁させた大助は、兵庫派の一党を処罰しはじめる。兵庫は家老罷免のうえ、隠居・押込《おしこめ》（出入り禁止）という厳しい処分を受けた。千野家の家督は、七歳の源太が継ぐことになる。

これでは反撃ができない。鶴蔵の嫡子が決定すれば、大助の権勢は盤石《ばんじゃく》となる。

もはやこれまで、と兵庫はここで非常手段に出た。

天明《てんめい》元年（一七八一）八月一日の夜、兵庫は国許を脱走すると、六日の朝、江戸へ。幕府奏者番・松平乗完《まつだいらのりさだ》（三河西尾藩主）の屋敷へ駆け込んだ。乗完は、忠厚の妹婿にあたる。身内の第三者、といっていい。

兵庫より藩の騒動、内情を聞かされた乗寛は、忠厚に会って軍次郎の嫡子願《ねがい》を出すように、と説得。ついに、承諾させた(これが七代藩主・忠粛《ただかた》となる)。

形勢は逆転した。十一月十五日、正式に嫡子となった軍次郎が、将軍・徳川家治《いえはる》に拝謁を許され、新藩主となるや、兵庫は二年の歳月をかけて敵派閥の一掃を断行する。

天明三年七月、大助は切腹。その父・図書も、永牢《ながろう》。「二の丸家」はついに、断絶となった。渡辺にいたっては、打ち首となっている。総勢七十名以上が、このおりに処罰された。

さて、非常手段に訴えて家老に返り咲いた千野兵庫は、〝名家老〟と呼ぶに値したのであろうか。

彼には多年に渡って「二の丸家」と争った派閥抗争の出費と、慢性的な財政赤字、さらに天明三、四年の凶作によって悪化した藩財政の再建という課題が、待ち受けていた。

だが、当初の派閥抗争において、宿敵の大助が指摘した、その保守的で倹約一方の方法しか浮かばなかった兵庫は、結局、何一つ財政を好転させることができなかった。それどころか、絶家《ぜっけ》した諏訪家にかわって、千野家の別家・お櫓脇《やぐらわき》千野家を興し、両千野家で代々の藩政運営を独占。ついに高島藩は、破産したまま明治維新を迎えることになった。

藩主にも藩士、領民にも、兵庫は決して幸いしていない。

かつての大助には、藩政改革への積極的な取り組みがあった。もし、彼に藩政の舵取りを任せていれば、あるいは高島藩は幕末維新に財政上、浮上し得たかもしれない。

『論語』に、「備《そな》わらんことを一人に求むることなし」というのがあった。

意味はわかりやすい。人にはそれぞれに長短がある。人を使うにあたっては、一人の人間にあれもこれもと、完全を要求してはならない、というのだが、泰平の時代における〝名家老〟は、やはりその上にいるトップ＝藩主の出来、不出来がものをいうようだ。

高島藩のみならず江戸の幕藩体制では、同じ家格、実力をもった人物二人を、同じポストに就ける手法を広くもちいた。一人に権力が集中しないように、互いにチェックする機関の役割を、果たさせるのがその目的であったが、同じ力をもつナンバー2の立場、複数の補佐役が、互いを尊重し合うのは極めて難しかった。

権力とはそもそも二分できたり、バランスの取れる性質のものではなかったからだ。わずかでも一方が強くなれば、その強くなった方は他方をここぞとばかりに叩きにかかる。

仮想敵国を温存する勇気、寛容さ、大局観をもつべきであるのだが、これは各々の派閥の長にはできにくい。

やはり問われるのは、上にいるトップの裁量ということになろうか。

主君・水野《みずの》忠辰《ただとき》を「押し込め」た——岡崎藩・松本頼母《まつもとたのも》

三代に仕えた忠臣

ときに、〝名家老〟なのか、〝ダメ家老〟なのか、どちらに区分すべきか判断に苦しむ人物が出る。

徳川家ゆかりの岡崎にあって、正保《しょうほう》二年（一六四五）に三河国吉田（現・愛知県豊橋市今橋町）より五千石の加増を受け、五万石で入封した水野家の家老・**松本頼母《まつもとたのも》（尚張《なおひろ》）**も、そうした一人であった。

水野家の始祖である忠元は、徳川家康の生母・於大《おだい》を介して、家康とは従兄弟の関係にあった。そのため幕府の高庇《こうひ》を受け、とりわけ岡崎藩初代藩主となった水野監物忠善《みずのけんもつただよし》が、世に聞こえた戦国武辺者で、周辺諸藩と何かと摩擦を生じても、幕府は彼を保護し、石高も岡崎入封までに計一万五千石の加増を受けている。そのため彼は、百石以上の新規召し抱えだけで百九十四名を採用。そのことが財政を圧迫する原因ともなったが、一面、監物は藩政の整備・拡充には優れた手腕を発揮した。

おかげで二代藩主・忠春は、奏者番・寺社奉行・大坂仮城代を歴任。四代・忠之《ただゆき》にいたっては、ついに若年寄・京都所司代を経て、勝手掛老中に任用されている。

傍目には順風満帆《じゅんぷうまんぱん》の水野家にみえるのだが、寛延四年（一七五一）十月十一日、この譜代の名門藩に突然、由々《ゆゆ》しき事件が勃発した。藩主が「御身持宜《よろ》しからず」（『不揚録《ひようろく》』）と、大小の差料《さしりょう》を取り上げられ、座敷牢に放り込まれてしまったのである。

この無様な藩主こそが、岡崎藩六万石（四代藩主・忠之《ただゆき》が一万石加増）の六代藩主・**水野《みずの》忠辰《ただとき》**であった。

忠辰の祖父は、忠之《ただゆき》。八代将軍・徳川吉宗の享保の改革にも携わり、「足高《たしだか》の制」の実施に活躍した人物であった。その孫である忠辰は、幕藩体制の構造上の欠陥から生じる、藩財政の悪化を無視して、放蕩三昧《ほうとうざんまい》に明け暮れ、金銀を湯水のごとくに使い、そのあまりの不行跡《ふぎょうせき》に、生母の順性院《じゅんしょういん》は宝暦元年九月十日、自らの生命《いのち》を絶って、忠辰を諫《いさ》めようとした。

しかし、忠辰の行状は一向に改まらず、吉原通いをつづけた挙句、馴染みの遊女を七百両で身請けし、自らの囲い者とするありさま。このダメ藩主が、順性院への墓参と称して表座敷へ出たところを、捕らえて座敷牢に押し込めたのが、家老＝年寄たちで、その首謀者の一人が松本頼母であった。

彼は諱を尚張《なおひろ》といい、正徳《しょうとく》四年（一七一四）、岡崎藩年寄の松本大学尚絅《なおあや》の二男として江戸に生まれている。五代忠輝《ただてる》から忠辰―忠任《ただとう》と三代の藩主に仕えた人物。延享《えんきょう》二年（一七四五）五月二十九日に、家督八百石を継ぎ、同年八月からは江戸詰年寄（江戸家老）を命じられた。

どうしようもない暗愚な殿様を、勇気をもって排斥し、藩の存立を守るべく、遠縁の旗本・水野十郎守満の二男・忠任を養子に迎え、無事に忠辰の隠居と忠任の家督相続を実現したことでいえば、頼母は〝名家老〟といってよい。

ところが、この藩主忠辰の放蕩には、まったく逆の前歴があったのである。

元文《げんぶん》二年（一七三七）、十六歳で六代藩主となった忠辰は、藩財政が悪化している現実を突きつけられ、これから逃げようとしたのではなく、自ら改革に挑もうとしたのであった。

幼少の頃より、大の読書家で、儒学を修めた忠辰は、藩政改革の中心を、腐敗した門閥政治の打破にすえた。賞罰を厳明にして、人材登用をはかるべきだ、と彼は考えた。

忠辰は暗愚ではなく、実は〝名君〟と呼ばれる側の人間であった。

窮乏した藩士の救済として、寛保《かんぽう》三年（一七四三）十一月には、家中への借り上げの増額分を、各々藩士に返済し、拝借金も用意している（一万四千六百二十両余り）。同様に、農村の疲弊を防ぐために、五分の年貢減免を申し渡してもいた。

彼は倹約令を発し、自らも率先してその範を示し、江戸奥向きの費用を削減、節約につとめた。そのうえで、積極的な人材登用――側近を、中級層以下から拾い上げた。徒士頭《かちがしら》・赤星直右衛門、小姓・鈴木又八、同・牧田右橘《うきつ》、同・土井軍蔵、小納戸・堺才七、旗奉行・鈴木源内など。

そして延享三年（一七四六）、以前に不敬発言を行ったという理由で、家老の拝郷《はいごう》源左衛門と「年寄」（厳密には家老の次席）の松本頼母の二人を、罷免・隠居とし、翌年には年寄・鈴木弥一郎も急度慎《きっとつつしみ》（自宅謹慎）を申し渡し、改革反対派を切り捨てていった。

二十六歳の忠辰には、藩の未来を憂慮する気持ちと、藩政改革に燃える情熱があり、こうした強行策に出たもののようだ。

元文二年閏《うるう》十一月には、「養子名跡等之定」を、同五年四月には「知行取跡目定」、延享元年十一月には「無足人定御役御免同子御分定」などを、次々と制定していった。

これらは従来、老臣層＝重役が自儘《じまま》にやってきたことを、すべて藩の組織の中で、公明正大に行うと宣言したことを意味し、勤務成績の良否が昇進や給与、相続に反映されることを明確にした点に、大いにその先進的な特徴があった。

藩主・忠辰の失敗

いかがであろうか、読者諸氏はこの藩主忠辰にこそ、肩入れしたくなったはずだ。

ところが、松本頼母はまったく反対の立場に出、しかも、忠辰の改革を潰そうとした。

保守的な重臣層は、現職の家老・水野三郎《さぶろう》右衛門《えもん》を中心に団結し、寛延《かんえん》二年（一七四九）には正月の年賀に、老臣の一斉欠席をやってのけた。むろん、藩政にも一切協力をせず、そのため業務は停滞し、藩主・忠辰を擁する改革派と反対の立場をとる保守派重役層の間には、一触即発の緊迫した状況がつづいた。当然、藩内は動揺する。

忠辰は側用人を老臣方へ派遣し、出仕するように慰撫《いぶ》したが、従う者はいない。

すべての老臣は、「君側《くんそく》の奸《かん》」を除かぬかぎり、出仕は御免蒙《ごめんこうむ》るという。

ここが、藩主・忠辰の正念場であった。時間をかけて反対派を説得しつつ、一部を分断して切り崩し、敵の勢力を弱める工夫をするべきであった。

忠辰が懸命に学んだはずの、儒学の「四書」の一つ、『孟子《もうし》』には、次のようにあった。

天の将《まさ》に大任《たいにん》を是《こ》の人に降さんとするや、かならず先《ま》ず其《そ》の心志《しんし》を苦しめ、其の筋骨《きんこつ》を労せしめ、其の体膚《たいふ》を餓《う》えしめ、其の身を空乏《くうぼう》にし、行うこと其の為《な》さんとする所に払乱《ふつらん》せしむ（告子《こくし》下）。

天がある人物に、大役大任を授けようとするとき、必ずまずはその人物の心身を苦しめ、窮乏の境遇――すなわち逆境に置き、何を行ってもすべて、その人の成さんとすることに逆行するような、不《ふ》如意《にょい》をわざわざ与えて試練とする。

これを乗り越えられない、克服できないようであるならば、「大任」は果たせない、との意である。日本のことわざ風にいえば、「艱難汝《かんなんなんじ》を玉《たま》にす」がこれだ。

忠辰の志に、間違いはなかった。藩政改革のすすめ方も、概ね、的を射たものであったといえる。だが、人間は既得権益を放棄することができない生きものなのだ。理屈で忠辰の改革を、正しいと理解していても、それによって己れの生活、待遇が悪くなることには我慢ができなかった。

とくに日本人は、全員が沈むのであれば我慢できるのだが、一部でも例外があり、浮上する者がいると、途端に自らが沈むことには耐えられなくなる性癖の人が多い。

いつの時代の改革――藩政改革であろうが、行財政改革であっても、志半ばで大半のものは挫折している。理由は一《いっ》に、既得権益を打破できなかったからにほかならない。

では、どうすれば打ち破れるのか。生命《いのち》か権益か、の二者択一に追い込まれれば、人間は既得権益を放棄する。それ以外は、きわめて難しい。よほど切迫した状況を客観的に説明し、繰り返し同意を得られるように、語りつづける忍耐が不可欠であったろう。

また、そのためにも藩政改革の、主体的勢力を確立する必要があった。岡崎藩の場合、改革の主体的勢力が反対派に比べ、脆弱《ぜいじゃく》でありすぎた。まだまだ、説得を必要とする段階であったのだろう。にもかかわらず、忠辰は自ら心を折ってしまった。

彼は論語読みの論語知らず、であったのかもしれない。

長い煩悶《はんもん》の末に、和戦いずれにも決心がつかず、妙策は浮かばず、一方ではお家騒動を理由に幕府が藩政に介入、改易を迫ってくる恐れもあり、巻き返しの方便として忠辰は、江戸詰の「年寄」たちに調停を依頼し、時間をかせぐために味方の側近を解任してしまう。

忠辰はまだ、改革の望みを捨ててはいなかったが、たとえ一時のこととはいえ、改革派を切った彼に付き従う者はいなくなる。

結局、忠辰は重厚な重臣層を崩すことができず、藩政改革の理想は保守派大勢の、現実の前に敗れ去ったのである。

藩主の身代《みがわり》こそが〝名家老〟

頼母は寛延三年（一七五〇）、再度、江戸詰年寄に就任、「衙守」と改名して七百石取りとなった。その後、忠辰はどうしたか。秀才にありがちな、打たれ弱さ、ポキリと心が折れての挫折感から、ついに立ち直れなくなり、藩政そのものに愛想をつかし、放棄して、酒色に溺れ、吉原での遊興に金銀を浪費しはじめた。忠辰にすれば、自棄糞《やけくそ》であったのだろう。

彼は江戸藩邸において、頼母や牛尾四郎左衛門ら「年寄」たちによって、座敷牢へ「押し込め」られ、幽閉の翌宝暦二年（一七五二）八月、三十一歳の若さで牢死した。

頼母は四年後の三月、病気を理由に「年寄」の辞職と隠居願いを提出したが、家督相続のみ許可され、「年寄」はそのままとなった。翌七年五月、ようやく辞職が認められた。

五年後の宝暦十二年九月、水野家は肥前国唐津（現・佐賀県唐津市）へ移封となる。頼母は寛政五年（一七九三）まで生き、江戸で病没した。

はたして松本頼母は、〝名家老〟だったのか――。

藩政改革の難しさは、今日の破産に瀕した企業を再建するより、はるかに困難であった。社会構造上の制約が多く、生半可な再建意欲だけでは、参勤交代、お手伝い普請と、一方的に降り掛かってくる、幕府からの火の粉を避《よ》けることはできない。多少の倹約をしても、すぐまた赤字財政への転落を余儀なくされてしまう。

先にも述べたように、現在の生活レベルを低下させるがごとき改革は、よほど見識のある人物でもないかぎり、凡庸な人々には容易に受け入れられるものではなかった。

ましてや藩士の多くはこれまでも、言葉悪くいうなら、藩に騙《だま》されつづけてきたといっていい。家禄の半分を借り上げられ、それでいて返してはもらえず、残り分についてもさらに借り上げがあり、わずかに残ったものも、価値のない藩札で賄われていたのである。

「質素倹約といわれても、これ以上、何を倹約するのか」

藩内のおおかたの者は、藩政改革という理想に燃える新しい藩主に、とまどいと敵意にも似た感情をあわせもっていたに違いない。この藩内の感情を上手に処理しなければ、改革は真に動き出さない。

蛇足を一つ――。

先ほど藩政改革の主体的勢力の確立といったが、さらに本音を述べれば、汚れ役の存在である。改革はきれいごとでは、成し遂げられない。誰かが泥をかぶって、汚れ役を演じなければ成し遂げられるものではなかった。

とはいえ、組織のトップがその役割を担ってはならない。なぜなら、汚れ役は常に、万一の場合を念頭に置いておかねばならないからだ。

トップがこの役割に任じていて、万一、大失敗でもしようものなら代わりはいないのである。

水野忠辰の失敗の原因も、実はここにあった。松本頼母とはいわないが、改革派の中心人物の中で、藩主忠辰の身代わりになれるだけの人物を、もて得なかったことに、そもそも藩政改革の末路が予言できた。

こうなると、よほど個人としての魅力、人望がトップになければ、思い切った改革はできない、ということになる。いかがであろうか。

家老としてよりも画家として生きた――田原藩・渡辺崋山《わたなべかざん》

政治と芸術

現代の日本において、業績不振に陥った中堅・中小企業が、外部からの融資を受け、あわせて次期トップを融資先から迎える、といった事態はままあることだ。

江戸時代の大名家でも、財政難に陥ったとき、持参金目当ての養子を、外から次の藩主に迎えることは少なくなかった。とりわけ、小大名にその傾向は強かったようだ。

たとえば、三河（現・愛知県東部）の渥美半島にあった田原藩三宅《みやけ》家（一万二千石）の場合、実収入はおそらくその半分あったかどうか。とにかく藩財政は困窮しており、二代藩主・三宅康雄《やすお》は、せっかく開発した新田の一部を、商人に売ってしまったこともあった。

――田原藩の場合、財政破綻の原因は、はっきりとしていた。

寛文《かんぶん》四年（一六六四）に初代藩主・三宅康勝《やすかつ》が入封したおり、室町時代の文明《ぶんめい》年間（一四六九～一四八七）に築城された、田原城（現・愛知県田原市）に手を加え、そのままこの城に入ったことが、そもそもの失敗であった。

三宅氏クラスの小大名は、通常は城をもたない。「陣屋」が城のかわりをするのが、相場であった。にもかかわらず、分不相応に城をもったために、その維持に費用がかさみ、藩士の禄高も石高を超え、その膨れた人件費が、これといった特産物をもたない田原藩を苦しめることにつながった。

つまり、藩政のはじめから財政は、赤字を約束されていたわけだ。

幕末に近づいた文政《ぶんせい》十年（一八二七）、十代藩主・三宅康明《やすてる》が死去し、その少し前から後継問題が浮上した。本来ならば弟・友信が新藩主となるべきところであったが、藩の重役たちは財政再建の一助ともなれば、と考え、姫路十五万石の酒井家から、持参金つきの養子・康直《やすなお》を迎えてしまう。

そのため、微妙な立場に立たされたのが、これまでは友信に仕え、「家老」の下の「取次役《とりつぎやく》」を拝命していた**渡辺定静**《わたなべさだやす》であった。

のちに藩主から「登《のぼる》」という名をもらう定静は、歴史上では、その画名とした「**崋山**《かざん》」の方が名高い。彼は長身で容貌端正、かなりの男前であり、人物も清廉寛大な人格者であった。決して、他人の陰口・悪口を口にしなかったという。

が、高名はさておき藩士の崋山は、家禄を半分しかもらえない「半知」にもがき苦しむ、小藩の家老（末席）・市郎兵衛定通《さだみち》の嫡男でしかなかった。

「家老」もピンキリ（最上等のものから、劣ったものまで）――父・定通は江戸定府であり、留守居添役としてもらっていたのは十五人扶持にすぎなかった（石高にして二十七石）。半知を実施していたから、その半分の十四石弱（約十二両）。

とても「家老」という大名家のナンバー2、補佐役のイメージとは程遠い薄給といわねばならない。現に、寛政五年（一七九三）九月、江戸半蔵門外（現・千代田区の三宅坂）にあった、田原藩上屋敷の裏門脇長屋で生まれた崋山には、弟妹七人がいたが、次弟も三弟も寺に奉公に出され、四弟も妹も口減らしのために家を出されていた。家の中に目ぼしいものはなく、畳まですべて質屋に入れ、夜、眠るのに布団や夜着もない。冬は炬燵《こたつ》に、家族が足を突っ込んで眠るという惨状だった。それにしてもなぜ、これほどに上級藩士の生活が貧しかったのか。父が長わずらいであったことから、薬代がかさみ、渡辺家ではその日の食にも事欠いていたという。

崋山とて、長男だからといって安穏《あんのん》無事というわけにはいかなかった。家計を助けるために、団扇《うちわ》や凧《たこ》、初午灯籠《はつうまとうろう》などに絵を描き、家計の足しにしていた。

――彼の絵画の修業については、興味深い挿話が残っている。

渡辺崋山

必要に迫られたのか、それとも絵心が先にあったのか――いずれにしても、本格的に絵画を学ぼうと志した崋山は、渡辺家の家計があまりに窮迫《きゅうはく》していたため、師への謝礼である「束脩《そくしゅう》」が払えなかった。最初についた師匠は、登少年が十分な謝礼をしないことを怒り、絵を教えることを二年ほどで断ったという。この師匠も、生活のために絵画を教えていたのだから、弟子を断る気持ちもわからなくはない。

しかたなく登少年は、母に買ってもらった、わずかばかりの紙に一所懸命、昼夜の別なく熱心に絵を描いて独習した。が、これでは画法がすすまない。登少年は大いに力を落とし、泣きながら自らの悲運を嘆いた。

すると、それを聞いていた父が、わが子に向かって言う。

「それぐらいのことで、力を落とすようではだめだ。外《ほか》の師匠について、しっかり勉強するがよい」

世の中には、貧しい弟子ではあっても、その才能、将来を買ってくれ、絵画を教えてくれる師は、きっと何処かにいるはずだ。そういう立派な人物を師に捜せ、と父は言いたかったのだろう。

この論法も聞きようでは、開き直りと取れなくもない。

画家としての後半生

文化《ぶんか》六年(一八〇九)、崋山は花鳥画家の金子金陵《きんりょう》に入門。ついで、著名な谷文晁《ぶんちょう》に師事することができた。

一方で崋山は、碩学《せきがく》の佐藤一斎《いっさい》に入門して儒学も修め、文政七年(一八二四)に父・定通がこの世を去ると、家督を継いで取次役へ。養子藩主・康直のもとで、天保三年(一八三二)には年寄役(家老)兼海防事務掛となった。このとき、崋山は四十歳。

いよいよ首のまわらなくなった藩財政の逼迫を、解決するのがその昇進に課せられた責務であった。崋山は農学者・大蔵永常《おおくらながつね》を招聘《しょうへい》して、「藩産物取立役《はんさんぶつとりたてやく》」の役職を与え、農政全般を担当させた。崋山は殖産興業による、藩財政の再建を目論む。宿場近隣の領民に課せられた、人馬《じんば》継立《つぎたて》の夫役や助郷《すけごう》の免除。飢饉救済のための、救荒作物備蓄《きゅうこうびちく》など、崋山は〝名家老〟と呼ばれるに値する仕事を次々と興していった。

また、家格による禄高を、役職による禄高に変更する俸禄改革も断行。今風にいえば、職能給への給与体系を見直したのだが、改革は現状に困窮する人々をさらに追いつめることになり、とりわけ生まれながらにして厚遇されてきた、上級藩士からの反発は大きかった。

凄まじい反対運動が、藩内で起きる。

崋山はここで、あくまでやり抜く覚悟をもつべきであった。痛みのともなわない〝改革〟など、そもそもあり得なかったのだから。だが、彼は日々の苦しさ、辛さを画業に逃げる態度をとってしまう。

当初は気分転換、一日の仕事の疲れを忘れるための行為であったかもしれない。

ところが皮肉なことに、この多忙の中、崋山は風俗写生に画家としての才覚を伸ばし、洋風の画法も研究して、肖像画の世界にも独自の境地を開いてしまった。

それまでにない、筆鋒《ひっぽう》の鋭い作品を幾つか描くことに成功している。

崋山の洋画への研究は、天保年間に入ると、洋学全般への関心にすすみ、シーボルト門下の小関三英《こせきさんえい》や高野長英らと共に、「尚歯会《しょうしかい》」（蘭学を身分を越えて勉強する有志の会）に参加。蘭学を学んだことで、至急の欧米列強の事情にも精通するようになった。

天保九年には、現実の逆境ゆえに、崋山は病気を理由に「退役願書」を藩庁に提出している。やはり彼は芸術家であって、政治家・行政家ではなかったようだ。

しかし、藩はこれを受理しない。

いきおい、崋山は画業にのめり込む。今も昔も、二足のわらじを履く人物は、周囲に誤解され、組織においては嫌われる傾向が強い。

崋山の場合、藩の海防事務掛となったことからも、周囲への誤解を助長した。

いよいよ幕末期に向かう日本にあって、江戸湾防備の重要性が指摘されるようになり、三河の海防のためにも、彼は蘭学に打ち込んだのである。芸術家にありがちな、深みに陥ったといえなくもない。

結果、海難にあった日本の漁民を届けにきた、アメリカのモリソン号を、幕府が打ち払おうとした事件に刺激され、崋山は鎖国で遅れている日本の危機を告発すべく、「慎機論《しんきろん》」を執筆してしまう。

そして、それを咎《とが》められた彼は、幕政誹謗のかどで入牢となった。世にいう、〝蛮社《ばんしゃ》の獄《ごく》〟である。

幕閣保守派による政治疑獄事件に、巻き込まれたといってよい。禁じられていた無人島への渡航計画をでっち上げられ、崋山は危うく死罪になりかける。七ヵ月の獄中生活の末、国許にての蟄居《ちっきょ》の身の上となった。

天保十一年正月、田原に護送され、藩における改革もここに終熄《そく》する。

今風にいえば、社業とは別の業界運動に参加し、のめり込み、失脚したようなもの。田原藩の家老として失脚すれば、当然、国許もそのままではすまされない。藩政改革は反対派によってすべて潰され、大蔵も追放、職能給もいつしか家格給に戻されてしまう。

失意になればなるほど、崋山はひたすら画業に打ち込んだ。

崋山を継ぐ者

渡辺家自体が、窮迫していたのも事実だ。

こうした中で、崋山の弟子・福田半香《はんこう》が師の窮状を慮《おもんぱか》って、江戸で画会（展覧会）を開くことを画策した。ところが、反対派はこれを見逃さず、不謹慎だと問題にし、藩主康直が奏者番役就任を望んでいながら、なかなか任命されないのも、崋山の不謹慎＝絵を売る行為ゆえだ、と決めつけて、藩主をも責め立てた。

追い詰められた崋山は、天保十二年（一八四一）十月十一日、ついに自刃して果てる。

「不忠不孝」とその遺書には大書してあった。

彼は家老としては死なず、画家としてその生涯を閉じた印象が強い。なるほど、崋山の絵画は永遠に朽ち果てることなく、大きな感動をもって後世へ伝えられた。

では、家老としての彼はどうであったろうか。

彼の「家老」としての職責は、やがて蘭学の人脈を通じて、盟友で伊豆韮山の代官であった江川太郎左衛門の師・高島秋帆《しゅうはん》のもとへ、田原藩士・村上範致《のりむね》（通称は定平《さだへい》）を送り込むことになる。

三宅家は弱小の藩でありながら、正統西洋流砲術の伝統をつたえ、三宅康保《やすよし》が十二代藩主となるころには、諸藩に先駆けての洋式兵制を採用していた。

村上は安政五年（一八五八）に家老となり、幕府の官立・講武所の砲術教授にまであげられている。「瀉瓶《しゃびょう》」

という、仏教でよく使う古語がある。

この「瀉」は〝そそぐ〟との字義をもち、瓶の中身をことごとく、別な器にそそぎ移すことをいう。多くの場合、師が弟子に己れのもつ見識や知識、技法といったものを、ことごとく伝授するときに使われる単語である。

そこには教える者と学ぶ者の魂のふれあい、熱意や志、必死の思いが発光する輝きとなって、感じられるものだ。仏法のみならず、学問・芸術の世界は、ことごとくが本来は、師弟による「瀉瓶」でなければならない。だが、表面的なことは伝えられても、なかなか内面、魂をふれあうような教授は、師と弟子——ともに、よほどの運命的な出会い、「邂逅《かいこう》」がなければ難しい。

崋山の思いは、村上に伝わったようにも思われるのだが、読者諸氏はいかがであろうか。

奥州戦争時の会津藩宰相——会津藩・梶原平馬《かじわらへいま》

奥羽越列藩同盟の陰の主将

〝名家老〟がタイミングによって、悪家老、ダメ家老となることは、世の常であるらしい。時勢が味方についたか、敵に回ったか——家老本人の運命のみならず、その采配する藩の在り方も大きく左右された。たとえば幕末、奥州戦争の時期、奥羽越列藩同盟を実質上取り仕切っていた、会津藩の家老・**梶原平馬《かじわらへいま》**が、その好例であったろう。

彼は、天保十三年（一八四二）、会津藩家老の内藤信頼《ないとうのぶより》（信順とも）の次男として生まれている。兄弟として、上に天保十年生まれの兄・内藤介右衛門《すけえもん》（信節《のぶよし》）があり、下には武川《たけかわ》家に養子入りして、のちに上野彰義隊《うえのしょうぎたい》に参加し、敗れて処刑された弟・武川三彦《かずひこ》（内藤信臣《のぶおみ》）がいた。

平馬は梶原景保の養子となり、文久二年（一八六二）に主君・松平容保《まつだいらかたもり》の京都守護職就任の上洛に従い、慶応元年（一八六五）に二十四歳で若年寄、翌年には奉行（家老）となった。

彼は文武にバランスのとれた、今風でいう能吏であった。家柄だけで往々にして中身のない大名家の重役にしては、きわめてエネルギッシュな行動力をもっていた。

慶応三年正月、平馬は二十六歳で藩政のトップ＝筆頭家老の地位にのぼった。

翌慶応四年一月に、鳥羽《とば》・伏見《ふしみ》の敗戦を受け、主君・容保が江戸から会津へ帰国したのちも、平馬は江戸に残り、来るべき西軍＝官軍との決戦に備えて、兵器や軍資金の調達にあたっている。

このおり、長岡藩家老・河井継之助《かわいつぐのすけ》の紹介で、オランダ四番館のヘンリー・スネルとエドワード・スネルの兄弟を知り、平馬はライフル銃七百八十挺を千五百ドルで購入し、さらに二万ドル相当の兵器・弾薬を買い込んだ。旧幕府陸軍からも大砲二十三門、ミニエール銃、ゲーベル銃などを譲り受け、これらをあらゆる船便に託して、会津へ運び込んでいる。

自らは三月九日に横浜を出帆し、太平洋をまわって津軽海峡に出、日本海に入るコリア号に乗船、二十六日に新潟に上陸した。このとき、桑名《くわな》藩主・松平定敬《まつだいらさだあき》一行百余人と、河井継之助の一行百人も同乗していた。半月余に及ぶこの船旅で、平馬がのちの奥羽越列藩同盟につながる、政治・戦略のビジョンをもった可能性は高かった。幻となった、「北部連邦政府」の青写真である。

奥羽越の諸藩は、一つに成らねばならない。そのためにはまず、会津藩が奥羽諸藩のイニシアティブをとらねば――帰国した彼は、すぐさま兵制改革を断行。佐川官兵衛を中隊司令官に任じ、砲兵隊長に山川大蔵《おおくら》を、農民・町民からも兵を募《つの》り、ことごとくを洋式化した。

十八歳から三十五歳までを朱雀《すざく》隊と称し、三十六歳から四十九歳までを青龍《せいりゅう》隊、五十歳以上を玄武《げんぶ》隊として、十六、七歳の少年を白虎《びゃっこ》隊に任じた。その結果、三十一中隊二千八百人の主力が、第一、第二砲兵隊、遊撃隊などに分散配備され、会津藩は七千余の正規軍を再編し、各々の国境に振り分けることが可能となる。

官軍が攻めてくる可能性のある場所は五つ――最重要の白河口には、総督に会津藩宿老の西郷頼母《さいごうたのも》、副総督に横山主税《よこやまちから》を、日光口の総督には旧幕府歩兵奉行・大鳥圭介《けいすけ》、副総督に山川大蔵。越後口には総督として一ノ瀬要人《かなめ》、大平口《おおだいら》には原田対馬を、米沢口にも青龍二番士中隊を配置した。

藩財政の再建についても、平馬は具体策をもっていた。会津若松と新潟を結ぶ阿賀野川《あがの》に〝川蒸気〟を浮かべ、漆器・陶器・絹・刀剣などを輸出。一方で鉱山開発を積極的に行って、新たな財源の確保をはかろうとした。企画・立案は申し分なし。

だが、現実は非常事態、臨戦態勢の渦中にあった。

「奥羽をまとめるにはまず、会津を救済しなければならない」

筆者は、奥羽諸藩による平和的会津救済の同盟を、地域独立性の高い「北部連邦政府」に改進し、薩長中心の新政府軍との対抗姿勢に導いたのは、梶原平馬だったと考えている。彼こそは、奥羽越列藩同盟の陰の、プロデューサーであり、事実上の主将であったといえよう。

この梶原平馬の手足となって、遠く離れた後方、長崎、兵庫、京都、江戸に神出鬼没の活躍をした人物に、山本覚馬《やまもとかくま》がいた。

平成二十五年（二〇一三）大河ドラマ『八重の桜』の主人公、山本（のち新島）八重の実兄である。

しかし、世の中の動きは平馬の思うようにはいかず、むしろ加速した。無理もない。官軍の中でさえ、長州の大村益次郎《おおむらますじろう》はまず、西日本を固めて、それからおもむろに東進すべきだ、と主張しており、大勢もこれを支持していた。強引に、〝時勢〟を理由にあげ、江戸への即時進軍を決断したのは、薩摩の西郷隆盛であった。平馬の読みを、軽視することはできない。

幕末史は、新政府に反発を強めた奥羽越列藩三十一藩が同盟を結び、新政府軍と対決することとなった。だが、近代戦を薩長二藩のようには経験せず、最新兵器・新型軍艦をほとんどもたない同盟軍は、あっけないくらいの弱さで、次々と敗北を重ね、降参していく。

慶応四年五月一日、白河城落城。同年五月十九日、長岡城落城（その後、一時、奪還するも七月二十九日に再び落城）。同年六月二十四日、棚倉城落城。同年七月二十九日、二本松城落城。同年八月二十一日、母成峠《ぼなりとうげ》の戦いで敗戦。

総攻撃と開城

そしてついに、「慶応」から「明治」へ改元されたのちの、九月十四日、新政府軍は会津鶴ヶ城への総攻撃を開始した。

とはいっても、諸藩連合の将兵が一気に、城方へ押し寄せるといったものではなかった。七ヵ所に設置された砲台から、約五十門の大砲が、鶴ヶ城の天守閣を中心に、城内へ集中砲撃されるという、苛烈なもの。付近の樹木は折れ、瓦石《がせき》は飛び、脚下の砂塵はあがり、「百雷《ひゃくらい》絶えず鳴動《めいどう》する如く」

城内ではそこここで、死傷者を刻々と増やしていった。

城には、藩主・容保とその傍らには平馬の姿もあったが、主従にはこの状況で、具体的な作戦を指導することはできなかった。ただ会津藩も、四斤《ポンド》砲一門を護衛隊と共に豊岡（現・会津若松市城南町付近）に配し、小田山上の敵砲門十五と対峙させていた。が、火力が隔絶《かくぜつ》している。新政府側には、最新鋭のアームストロング砲まであったのである。

このとき、会津藩の砲撃を指揮したのが、八重とその夫・川崎尚之助《かわさきしょうのすけ》であったという。新政府軍の総攻撃は、九月十四日の早朝六時に始まり、夕刻の六時頃までつづけられた。無論、小銃弾も雨霰《あられ》の如く降って来る。城内は硝煙にとざされたように真っ暗となった。その中を少年たちが、濡《ぬ》れ筵《むしろ》をもって焼玉《やきだま》を消してまわるのである。婦人も同様に、砲玉の炸裂する前に、と衣を水に濡らして駆け寄った。ときに不幸にして、婦人や少年の目前で、砲弾が炸裂することも少なくなかった。

このような苦境のなかで、籠城戦を戦う会津鶴ヶ城の五千の闘志は見事なものであった。だが、日時の経過と共に、食糧・兵器弾薬の欠乏、当然ながら死傷者は増えつづけた。奥羽越列藩同盟は次々に新政府軍に降り、城方にはもはや援軍の可能性がほとんどなくなる。

九月十八日、高田攻撃を敢行した新政府軍は、この時点で鶴ヶ城と外部との連絡を完全に遮断。会津城の食糧・弾薬の補給は、もはや不可能となった。城内の士気は旺盛であったが、藩の上層部は降参し開城することを考えはじめる。籠城している者にとって、外からの救援の望みのない戦況ほど、絶望的なものはなかったであろう。

が、あえて筆者は問いたい。そもそも誰が、この戦争を買ったのか。薩長両藩が理不尽なことは、幕末の政局において、すでに明らかではなかったか。それを耐えしのべず、売られた喧嘩を矜持《プライド》・面子《メンツ》で挑んだのは、いったい誰であったのか、と。

——ここで、思い出す歴史の場面があった。

鳥羽・伏見の戦いに敗れ、江戸から帰国した容保主従を救うべく、関宿（現・宮城県刈田《かった》郡の白川上流）で仙台・米沢・会津の、三藩の代表者が会合をもったときのことだ。

米沢と仙台の説得に対して、城明け渡しと主君容保の謹慎は応じるが、藩の首謀者の首級《しるし》は出しがたし、と拒絶した会津藩家老の平馬に対して、仙台藩の家老・但木土佐《ただきとさ》（成行《なりゆき》）が、それでは談判の取りつぎはできない、とつっぱねた。すると平馬は、

「ならば会津は全藩を挙げて、死をもって戦うのみである」

と言い切った。

これを聞いた但木は、唖然とした面持《おもも》ちで、決死の戦いになるのと、わずか一両人の首級をもって国（藩）の運命に代えるのと、いずれが重きか、と一考をうながした。筆者は当時の文献を読んでいて、思わず点頭したものだ。このとき、但木の後ろに控えていた仙台藩士・真田喜平太が、口調厳しく言った次のセリフが忘れられない。

「首級を出さぬとあらば、速やかに帰られて軍備を整えられよ。あえて戦塵《せんじん》の間に、まみえよう。前将軍徳川慶喜公がすでに罪を一身に負って謝罪嘆願し、朝廷もこれを聞き届けているのに、わが藩

（会津）がいまなお責任を問われる道理はない、とは理解に苦しむ言である。

臣子の罪は君父の過ちであろう。君臣の義を考えるならば、鳥羽・伏見の一戦は将軍の罪にあらずして、会津侯の罪であろう。否、主君の罪にあらずして、われわれ左右輔弼《ほひつ》（重臣）の罪なりと考えるべきが、武士道ではあるまいか」

この言葉を聞いて平馬は、しばし沈思《ちんし》してのち、「仰せのとおりだ」と返答している。

幕末の会津藩の中で、真に「左右輔弼の臣」としての職責を、終始ブレずに全うしたのは、一人・西郷頼母《たのも》のみであった、と筆者は考えてきた。

会津藩＝斗南藩の悲劇

元治《げんじ》元年（一八六四）五月、会津藩家老の一人、横山主税は病のために帰国、かわって国家老の神《じん》保内蔵助《ぼくらのすけ》が上洛してきた。彼は文化十三年（一八一六）の生まれで、このとき四十九歳。

内蔵助の長男・修理《しゅり》は、鳥羽・伏見の戦いで、家臣を置き去りにして江戸へ逃げ帰った藩主・容保の責任を一身に背負い、自刃している。内蔵助自身も、会津城攻めの日に切腹して果てた。同職の田中土佐は、敵弾に当たり負傷の上、自刃している。一命にかえて不明を恥じ、詫びて死んだのだろうが、それで家老の職責を全うしたことになるのだろうか。

西郷頼母は一人、京都滞在中、繰り返し「京都守護職」の辞任・帰国を主君・容保に説き、嫌われながらも諫言をつづけていた。鳥羽・伏見の敗戦後も、これまで一途《いちず》に幕府を支えてきた会津藩を切

り捨て、自らは江戸無血開城への道を選んだ徳川家の動きを冷静に受け止め、頼母は、

「帰順以外に、藩を救う道はない」

と主張したが、頭に血が上《のぼ》っていた主戦論者の主張を覆《くつがえ》すことはできなかった。

――奥州戦争、会津戦争へ。

その間、頼母の家族は、長男の吉十郎を残し、すべて自害して果てている。

九月十九日、手代木直右衛門《てしろぎすぐえもん》（会津藩公用人）、秋月悌次郎《あきづきていじろう》（会津藩士）が、塩川（現・福島県喜多方市塩川町）の米沢藩本陣へ行き、降伏の斡旋を依頼。米沢藩の案内により、二人は土佐藩陣営に板垣退助を訪ね、降伏を申し入れた。二十日、城内で評定が行われ、松平容保の裁決によって降伏、開城が決定される。

すぐさま白旗が三つ、小布を集めて女性たちによって縫われ、正門前の石橋の西端《せいたん》、黒鉄《くろがね》御門の藩主のご座所の前などに立てられた。二十二日の午後、城の受け渡しは行われ、会津藩士とその家族は三の丸へ移される。

松平容保―喜徳《のぶのり》（徳川斉昭《なりあき》の十九男＝容保の養嗣子）父子は、その身柄を郊外の滝沢村・妙国寺《みょうこくじ》に預けられた。城内にあった五千二百三十五人は、藩士・傷病者・婦女子と六十歳以上並びに十四歳以下の者に、各々三分され、藩士は猪苗代《いなわしろ》、傷病者は青森・御山村（現・二戸《にのへ》市）などの病院へ、それ以外は勝手に立ち退《しりぞ》くように、との指示が出た。その後、城外で戦っていた者は塩川に謹慎となり、婦女子も喜多方方面に謹慎を割り当てになった。

降伏後、松平容保父子は東京上京を命じられ、翌明治二年（一八六九）に藩士たちは越後高田（現・新潟県上越市）と東京に移された。会津武士は日本一よ、とその武名を謳われてきたものが、戊辰戦争の敗北によって、新政府軍の一兵卒にまで「国賊」扱いされ、嘲弄《ちょうろう》されるありさまとなった。

それでも藩士たちは、会津松平家の再興を念じつづけたが、同年十一月、新政府が下した決定は、懲戒的な意味合いを相当に含んでいた。旧南部領（現在の青森県上北《かみきた》郡・下北《しもきた》郡の一帯）に無理やり斗南《となみ》藩を創り、ここへわずか三万石を旧会津藩の新封地としたのである。

会津藩は従来、約三十万石（預《あずかり》地《ち》含む）、増封五万石、第一回職封でさらに五万石、第二回職封で五万五千石、さらに加えて月二千俵、さらに月一万両を、幕末、幕府から賜わっていた。石高に換算すれば、約六十七万九千石となる。表高のみでいえば、加賀藩前田家、薩摩藩島津家、仙台藩伊達家につぐ、第四位の大藩であった。それが陸奥国の旧南部藩の一部、下北半島の火山灰地――それも一年のうち半分は、雪におおわれた痩《や》せた土地に移封を命ぜられた。藩領は表高三万石、実収は七千石にすぎなかった。到底、全藩士とその家族＝四千戸が移住し、生活できるものではなかった。

そのため移封に際しては、身のふりかたを各々に選ばせ、結果、会津に帰るもの二百十戸、農商に帰するもの五百戸、東京その他へ分散するもの三百戸、北海道に赴くもの二百戸となり、陸奥の新領地に移封するものは二千八百戸（一万七千余人）となった。

が、それでもこの人数は〝斗南〟には無謀なものであった。

蛇足ながら、新しくできた〝斗南〟は、蝦夷地《えぞち》（現・北海道）以南各藩領ありといえども、ことごとく天子の領土なれば、と「北斗以南皆帝州」より命名されたもので、決して北方の僻地へ、天皇領から追放されたものではない、との意を含んでいた。

しかし、現実は飢えとの戦いであった。人々は面やつれし、髪を整えることもできず、手足は荒れ、流れてくる昆布、若布《わかめ》、山野の蕨《わらび》の根などを集めて、これらを砕いて粥にした。

会津武士は、それでも懸命に助け合い、生きることを自分たちの〝戦い〟と位置づけた。

「やれやれ会津の乞食藩士ども下北に餓死して絶えたるとよ、薩長の下郎武士どもに笑わるるぞ、生き抜け、生きて残れ、会津の国辱雪《そそ》ぐまでは生きてあれよ、ここはまだ戦場なるぞ」

「死ぬな、死んではならぬぞ、堪えてあらば、いつかは春も来たるものぞ。堪えぬけ、生きてあれよ、薩長の下郎どもに、一矢を報いるまでは」

（いずれも、石光真人編『ある明治人の記録　会津人柴五郎の遺書』）

斗南藩はのち、明治四年七月十四日の廃藩置県により、斗南県となったが、弘前県に併合され、やがて青森県となった。

その後の梶原平馬

幻の東国政権「北部連邦政府」構想を梃子《てこ》に、会津藩の窮状を救い、あわせてもう一度、〝ご一新〟をやり直そうと目論《もくろ》んだ梶原平馬は、会津籠城戦ののち、どのような生涯を送ったのであろうか。

平馬の妻・二葉《ふたば》は、山川咲子《やまかわさきこ》（のちの大山捨松《おおやますてまつ》）の長姉にあたる。平馬より三歳年下の弟・山川大蔵（のちの浩《ひろし》）も、十二歳年下の健次郎も、平馬のことを実の兄のように慕っていた。

夫婦の間には、慶応二年（一八六六）十一月十六日、一人息子の寅千代《とらちよ》が生まれている。平馬が壬《みずのえ》寅《とら》の生まれであったから、この年＝丙寅《ひのえのとら》は二回り下の寅年となる。天下泰平の時代ならば、彼は平穏な人生を送れたであろう。だが、二十六歳で筆頭家老となったこと自体が、非常事態を物語っていた。多忙を極めた平馬は、息子のお七夜《しちや》にも加わることができず、妻との間に溝を生じ、子をなした翌年の三月には、妻・二葉を離縁することとなる。

もし、幕末に筆頭家老とならなければ、一家の別れはなかったに違いない。一方、京都守護職をつとめる松平容保のかたわらにあらねばならない平馬は、水野謙吉《みずのけんきち》の次女・テイを身近に置いていた。テイは嘉永二年（一八四九）の生まれで、離縁した二葉より五歳の年少となる。

会津鶴ヶ城において、政務総督としての重責を担った平馬は、落城後、幽閉生活を送り、明治二年（一八六九）十月には、旧会津藩士を代表して、主家の再興を新政府に嘆願。同四年に釈放されてのちは、青森県庁の庶務課長に就任したようだ。しかし、二ヵ月ほどで辞任すると、後妻として迎えたテイと共に蝦夷＝北海道へ旅立っている。会津の人々は、意識してこの人物にふれまいとした。

「――北海道のどこかで、のたれ死んだらしい」

と、冷たく突き放している。

しかし、彼は生きていた。「梶原景雄《かげお》」と名を変え、明治の世を生きつづけ、晩年は根室に移り住んで、明治二十二年三月二十三日にこの世を去っていた。享年四十八。

根室市西浜町の、市営墓地に葬られている。彼は再び世に出ることなく、会津戦争の責任者としての十字架を背負ったまま、何も語らずに黙したまま、この世を去った。

その無念を補うように、「平成」に入ってから、妻テイの後半生が明らかとなった。

「私立根室女子小学校「水野貞」事跡」(『根室市博物館開設準備室紀要』第7号所収)に拠れば、貞は旧姓「水野」を名乗り、根室に至る以前、彼女は函館の相生町(現・元町《もとまち》周辺)に住んでいたという。この地には旧会津藩士の入植者が多く、平馬の部下であった雑賀《さいか》孫六郎もいた。彼の妻・浅子は、会津藩家老をつとめた簗瀬《やなせ》三左衛門の娘であり、その妹・ツヤは内藤介右衛門(平馬の実兄)の妻でもあった。平馬とテイは、ここで暮らしていたかと思われる。

そのテイが、「水野貞」として根室の花咲小学校の教員に赴任したのが明治十五年。その貞が同小学校を退職したのが、明治二十三年であった。夫の死と、何らかの関係があったのだろう。

平馬とテイの間には、シツエと文雄という姉弟がいたようだ。病床にあったと思われる平馬の看病をしつつ、貞は私塾を開いていた。「梶原平馬」はこの妻と二人の子供に看取られながら、この世を去ったのだろう。その後、貞は私立根室女子小学校の校長となっている。

時勢が彼を、〝名家老〟にはしなかった。しかし、〝名家老〟はその時勢が呼びよせる人物の中から誕生した。平馬のような立場、役職にある人は、今も昔も少なくない。わずかな時差で〝名家老〟となれたことが、一面、残念でならない。

戦場も茶の湯も頂点を極めた名将――広島藩・上田重安《うえだしげやす》

〝一番槍〟から家老へのぼる

ひたすらこだわった目標が、結果として、本人のまったく予期しなかった結末にたどりつく、ということがまま、人生には起きるもののようだ。

戦国時代、槍一筋の武辺で、〝一国一城〟を夢見た武将は、決して少なくなかった。

だが、槍は槍でも〝一番槍〟にのみこだわり、つねに戦場では〝先登《せんとう》〟（一番乗り）を目指しつづけたあげく、大名、家老にまでなった武将となると、さすがに皆無に近かった。

ところがここに、

「戦場に出るかぎりは、〝一番槍〟をやらねば、武士としては名折れじゃ」

尾張《おわり》弁を丸出しにして、生涯、一つごとを繰り返し言いつづけ、大名・家老となった男がいた。**上《うえ》田《だ》重安《しげやす》**という。

目が尋常ではない、凄まじく光っている。朝鮮出兵で虎狩りに参加した武士がみれば、野獣の虎はまさに、こうであった、と納得するような顔癖《かおくせ》をしていた。

もっとも、戦場に出れば、彼ほど沈毅《ちんき》で静かな男もめずらしかった。まるで、虎が密《ひそ》やかに獲物を狙い、一気に喰らいつく様に似ている。戦場での駈《か》け引きは、図抜けてうまかった。狙い定めた敵へ、重安は音もなく飛びかかり、その首を瞬時にあげている。仰々《ぎょうぎょう》しい動作をすることもなく、農夫が木に実《みの》る柿を取るように、周囲の人々も気付かないような、自然で素早い動きを示した。

彼は、永禄六年（一五六三）、尾張国星崎《ほしざき》（現・愛知県名古屋市）に、上田重元《しげもと》の子として生まれている。父は、いわゆる陪臣《ばいしん》（家来の家来）。織田信長の重臣・丹羽長秀《にわながひで》の家臣であった。父は重安が十歳のときに没し、祖父の重氏《しげうじ》に養育された重安は、やがて長秀の小姓《こしょう》に出仕する。

彼の初陣は、十六歳。織田家を裏切った荒木村重《むらしげ》の、有岡城《ありおか》（現・兵庫県伊丹市）攻めに、勢い勇んで参戦した。

信長が本能寺の変に横死《おうし》したおり、重安は大坂にあって、織田家の四国方面軍副司令官（トップは信長の三男・信孝《のぶたか》であり、事実上は司令官）の長秀と共に、渡海の準備に追われていた。

「上様が本能寺にて、無念の最期を遂げられました――」

一報が伝えられるや否や、重安は長秀に命ぜられ、叛将《はんしょう》・明智光秀《あけちみつひで》との内通が疑われた、光秀の娘婿の津田信澄《つだのぶずみ》（信長の弟・信勝《のぶかつ》＝信行《のぶゆき》の子）を一騎突出して、討ち取りに出向いている。

まっさきに駆けて大坂の千貫櫓《せんがんやぐら》に到達し、見事に〝一番乗り〟を果たした重安だったが、彼は手柄を独り占めにするため、なんと自らで開いた門を、自ら閉じ、味方を入れないようにして、たった一人で敵の群がる中へ突入していった。「凄まじく傾《かぶ》いた功名心」といわねばならない。

信長亡きあとの織田家にあって、清洲《きよす》会議の結果、主人の長秀は従前の若狭《わかさ》国（現・福井県西部）に加え、近江《おうみ》国志賀郡、高島郡（現在の滋賀県大津市、高島市一帯）を新たに所有することになった。

この加増にともない、重安は五千石取りとなって、高島郡の代官として大溝城《おおみぞじょう》（現・滋賀県高島市）に入城する。このとき、彼は二十歳でしかなかった。

さらに、長秀が羽柴《はしば》（のち豊臣）秀吉と連合して、柴田勝家《しばたかついえ》と対峙、賤ヶ岳《しずがたけ》の戦いが起きたおりもこれに従軍して、長秀は越前《えちぜん》（現・福井県中北部）一国と加賀《かが》（現・石川県南部）二郡を加増され、これにより重安は、ついに破格の一万石を越前に給された。すなわち、二十一歳にして大名となった。

株式非上場の中小企業が、短期日に急成長し、上場して、社員に割り当てられていた株が、大きく値上がりしたようなものか。平社員もいつしか課長、部長となる。

ところが、肝心の主君・丹羽長秀が病没。勢いよく膨らんだ丹羽家の身代＝百二十三万石は、事実上の天下人となった秀吉の意図で、一気に萎《しぼ》んでしまう。

領国は削り取られ、逆に有能な丹羽家の家臣（秀吉からいえば、陪臣）は、一躍《いちやく》、秀吉によって直臣に迎えられることとなった。現代企業の、吸収合併を思えばよい。

――ピンチと受け取るか、チャンスと見据えるか。

秀吉の直臣として、一万石の大名に直った重安は、小田原城攻めで山中城（現・静岡県三島市）を攻めたが、功名に逸《はや》る気持ちは変わらず、彼はあえて味方から大きく離れて陣を構え、煙硝《えんしょう》の煙にまぎれながら、城中へ討ち入って〝一番槍〟をつけた。

秀吉は、こうした剝《む》き出《だ》しの重安の武辺を、決して嫌わず、むしろ大いに気に入り、正室・北政所《きたのまんどころ》の実弟である杉原家次《すぎはらいえつぐ》（のち木下）の娘と結婚させ、重安を豊臣家の一族として遇する処置をしている。文禄《ぶんろく》三年（一五九四）になると、重安は従五位下主水司《しゅすいし》に叙され、「豊臣」姓も許された。

「宗箇」――芸術家としての顔

さて、主君となった秀吉もやがて老衰し、この世を去った。

では、この〝一番槍〟志向の武辺者は、次に起こる関ヶ原の戦いのおり、東西いずれの軍に与《くみ》したのであろうか。私利私欲をもって、自らの出処《しゅっしょ》を判断することをせず、重安はなんと、旧主・丹羽氏のもとへ駆けつけている。

このあたり、この人物の純粋さが際立っていた。

この頃、加賀国小松城（現・石川県小松市）に、十二万五千石を領していた長秀の嗣子・丹羽長重《ながしげ》は、重安が頼るに値する人物であった。

賤ヶ岳の戦いでは父と共に戦い、戦功を得ている。秀吉に難癖をつけられ、四万石にまで領地を削られてのち、朝鮮出兵で活躍し、八万五千石の加増を受けていた。名将といってよい。

関ヶ原の戦いは、徳川家康の東軍に与していた。

ところが、関ヶ原の戦後処理の過程で、長重が個人的に兵を動かしたことが怪《け》しからぬ、と反逆を疑われ、領地を没収されるに及び、重安はめずらしく狼狽《ろうばい》してしまう。

一度、自領の越前国へ戻ったものの、彼の所領も没収となった（長重はのちに、陸奥国《むつのくに》に十万七百石を領有し、返り咲いている）。

さて、重安である。彼は摂津国《せっつのくに》八部《やたべ》郡兵庫（現・兵庫県神戸市）まで逃げ延び、ここでどうしたことか頭を丸め、

「宗箇《そうこ》」

と号して、人生を開き直った。

その後、重安は阿波徳島藩十七万五千石余（のち二十五万七千石余）の蜂須賀家政《はちすかいえまさ》のもとに招かれ、慶長七年（一六〇二）まで徳島で生活したという。なぜ、蜂須賀家は彼を招聘《しょうへい》したのか。

武辺者として、重安が有名であったことはいうまでもないが、意外なことのようだが、彼には武辺者とはまったく異なった、もう一つの顔があった。芸術家の顔である。

その威望《いぼう》は、あるいは〝一番槍〟より著名であったかもしれない。

たとえばこの時期、「宗箇」は徳島城下に、千秋閣《せんしゅうかく》庭園と呼ばれていた表御殿《おもてごてん》庭園を築いていた。

彼には、武辺一方の野人のイメージが強烈であったが、一方では秀吉に茶の湯の手ほどきを受け、利休の死後は古田織部《ふるたおりべ》（利休七哲の一人）について学び直し、京都大徳寺第百十一世の春屋宗園《しゅんおくそうえん》から、前述の「宗箇」＝法諱《ほうい》を授かっていた。

作庭《さくてい》も、芸術家の彼の守備範囲であった、といえる。

その後、紀州和歌山城主（三十七万六千石）となっていた浅野幸長《あさのよしなが》（長政の嫡子）の客将に招かれ

ている。かつて豊臣家の一族に加えられたことが、「宗箇」に幸いしたようだ。

浅野家は、北政所の養家より興った大名家であり、重安の妻はもう一つの実家＝生家の出であったから、当時としては親しい閨閥といえた。

――ここでも「宗箇」は、和歌山城の西の丸庭園、粉河寺《こかわでら》の庭園を造っている。

のちに浅野家が広島に移ると、今度は城内に泉水館《せんすいかん》（現・縮景園《しゅくけいえん》）などを作庭した。

芸術家としての才能は、庭だけではなかった。この一本気な武人は、忙中に閑で茶人としても、わずかばかりの暇をみつけては研鑽を積み、ついには独自の境地を開き、「上田宗箇流《うえだそうこりゅう》」を自ら称するようになった。戦場ではなにがなんでも〝一番槍〟、〝一番乗り〟にこだわった重安は、茶の湯でもとにかく、一番を目指していたのだろうか。

ふと、孔子の弟子・曾皙《そうせき》の言葉を思い出した。

孔子に、権力を握ったら何をしたいか、と問われたとき曾皙は、

「沂《き》に浴《よく》し、舞雩《ぶう》に風《ふう》して、詠《えい》じて帰らん」

と答えた。

わたしは沂水《きすい》（曲阜《きょくふ》に近い川）のほとりの温泉に浸かり、舞雩《ぶう》（雨乞いの祭りをする祭壇）の美しい景色を愛《め》で、夕涼みの風にあたって、歌をうたいながら帰ってきたい、と語ったわけだ。時俗《じぞく》を超脱し、自然の中に同化したような曾皙の言葉に、筆者は重安の茶道を重ねて想った。

「坐忘《ざぼう》せり」（『荘子《そうし》』）

いながらにしてすべてを忘れる、陶然自失《とうぜんじしつ》——心身ともに脱落し、己れを空しくしうる境地へ、重安は入ろうとし、見事、入境したのではあるまいか。

「上田宗箇流」——この流儀は、現在も広島を中心に、確固として伝えられている。

最後の晴れ舞台

慶長十九年（一六一四）、大坂冬の陣が勃発した。

重安は得意の〝一番〟を忘れていなかった。が、自らは三番隊に編入されてしまう。

「あほうなことを申されるな」

頭にきて、ついには勝手に戦場を撤収《てっしゅう》したりもしている。

それでいて、軍律に問われていない。その人柄か、戦歴ゆえか。

夏の陣では大坂方が機先を制して、浅野長晟《あさののながあきら》（幸長の後継者・弟）の和歌山城を襲おうと計画した。大野治房《おおのはるふさ》を大将に、塙直之《ばんなおゆき》（団右衛門）、岡部則綱《おかべのりつな》、淡輪重政《たんのわしげまさ》ら強者《つわもの》たちが、三千からの兵を率いて和歌山へ進発する、との情報が伝えられた。

もっとも、一方の浅野方は兵力五千人。対戦には余裕があったが、どうやらこの進軍——和歌山領内で、大坂方が一揆を誘発させ、その勢力とともに、五千人を挟み撃ちにしようと企てている、との追躡《ついじょう》（あと追い）情報が聞こえてきた。

そのため浅野勢は、打って出ての迎撃を躊躇《ちゅうちょ》したが、徳川家からの出兵命令もあり、途中の和泉《いずみ》

国（現・大阪府南西部）佐野川付近まで軍勢を出したところへ、

「二万の大軍が押し寄せてくる」

との、誤報がもたらされた。

冷静に考えれば、紀伊（現・和歌山県全域と三重県の一部）へふりわけられるだけの兵力が、すでに大坂方にはなかったことは知れようが、疑いつつも浅野方は困惑する。

とりあえず樫井《かしい》（現・大阪府泉南郡田尻町）まで後退して様子をみようとしたが、殿軍《しんがり》の家老の亀田高綱《だたかつな》は、和泉国安松《やすまつ》（現・大阪府泉佐野市）に残っていた。

このときも重安は、得意の独断専行を行っている。

「軍功に逸《はや》る塙や岡部は、後続の味方を待たず、大きく味方を引き離して、前へ前へと進み、浅野の本軍に迫るべく、長駆《ちょうく》してくるに違いない」

そう見越した重安は、前衛だけで少数孤軍と化している、塙の軍勢へ一目散に突っかかった。

このとき、〝一番槍〟でもめた重安は、なんと幕府老中にまで訴え出て、白黒をつけさせて、己れの〝一番〟を認めさせている。友軍にとっては、さぞかしいやな男であったろうが、部下は重安の戦《いくさ》巧者ぶりに安心しきっていた。

なにしろ、このおり迫り来る敵を待ちながら、重安は竹藪の中で竹を切り、悠々と茶杓《ちゃしゃく》二本を削っている。それをカッコウをつけず、自然とやってのけるのが、この男の真骨頂《しんこっちょう》であった。

「坐忘せり」である。

このとき削った茶杓は、「敵がくれ」と言い、今も上田宗箇流の家元のもとに現存しているという。

その後、浅野長晟が家康の娘・振姫《ふりひめ》と婚礼し、福島正則が改易されるに及び、浅野家は芸州広島へ。安芸国に備後（現・広島県東部）半国をあわせて、四十二万六千石余の大身《たいしん》となった。

これにつきしたがった重安は、安芸国佐西郡（現・広島県廿日市《はつかいち》市の周辺）において一万二千石を賜り、なんとなく家老となってさらに、大名に復帰している。その後、国家老にも就任。寛永十一年（一六三四）には、さらに五千石の加増を受けている。

重安は慶安三年（一六五〇）に、八十八歳でその生涯を閉じた。

よくぞ〝一番槍〟〝一番乗り〟のみを心掛け、この年齢まで生き延び得たものである。

さらに蛇足をいえば、本当はもっと長生きできたはずであった。重安は息子の重政《しげまさ》に、この年の四月に先立たれ、それを悔やんだのであろう、食事を一切口にせず、息絶えたのであった。

しかし、その死に顔は功名を誇るように、どこまでも晴れやかであったという。

それにしても戦国の世らしい、独特な生き方、再起を遂げた武将がいたものである。

参考文献

山本博文監修『見る・読む・調べる　江戸時代年表』（小学館）
加来耕三著『戦国〜幕末・維新　三〇〇諸侯の家老列伝　名家老とダメ家老』（講談社）
児玉幸多監修『知ってるようで意外と知らない　日本史人物事典』（講談社）
加来耕三著『英傑60人に学ぶ先見力――ビジネスに歴史を活かす』（時事通信社）
『別冊歴史読本　事典にのらない日本史有名人　男の風格』（新人物往来社）
『別冊歴史読本　サムライ古写真帖――武士道に生きた男たちの肖像』（新人物往来社）

著者略歴
一九五八年、大阪市生まれ。歴史家、作家。奈良大学文学部史学科卒業。学究生活を経て、一九八四年より奈良大学文学部研究員。著作活動のほかに、テレビ・ラジオ番組の時代考証や番組の企画・監修・構成を担当。人気番組「ザ・今夜はヒストリー」（TBSテレビ系）、「BS歴史館」（NHK BSプレミアム）、「THEナンバー2～歴史を動かした陰の主役たち～」（BS-TBS）などに出演。さらに、全国各地での講演活動も精力的に行っている。
著書には『日本史「常識」はウソだらけ』（祥伝社黄金文庫）、『不敗の宰相 大久保利通』（講談社+α文庫）、『加来耕三の感動する日本史』（ナツメ社）、『消えた戦国武将』（メディアファクトリー新書）、『誰が、なぜ？ 加来耕三のまさかの日本史』（さくら舎）など。監修には『手にとるように日本史がわかる本』（かんき出版）、『コミック版 日本の歴史』シリーズ四十一巻（ポプラ社）などがある。

名家《めいか》老《ろう》たちの危機《きき》の戦略戦術《せんりゃくせんじゅつ》
——戦《たたか》い・内紛《ないふん》・財政破綻《ざいせいはたん》の秘策《ひさく》

二〇一四年八月一二日　第一刷発行

著者　加来《かく》耕三《こうぞう》
発行者　古屋信吾
発行所　株式会社さくら舎　http://www.sakurasha.com
東京都千代田区富士見一-二-一一　〒一〇二-〇〇七一
電話　営業　〇三-五二一一-六五三三　FAX　〇三-五二一一-六四八一
編集　〇三-五二一一-六四八〇
振替　〇〇一九〇-八-四〇二〇六〇

装丁　石間　淳
イラスト　山本重也
印刷・製本　中央精版印刷株式会社

ISBN978-4-906732-84-5